古陶瓷学习宝典

一套六册

江苏省古陶瓷研究会倾力奉献

【第2版】
全新修订

中国青花瓷纹饰图典

人物卷

江苏省古陶瓷研究会　编

主　编：李绍斌
副主编：王德安　蒋光意
　　　　钱俊华　刘庆楚

东 南 大 学 出 版 社

·南京·

图书在版编目（CIP）数据

中国青花瓷纹饰图典．人物卷 / 江苏省古陶瓷研究
会编 . — 2 版 . — 南京：东南大学出版社，2023.11

ISBN 978-7-5766-0636-2

Ⅰ．①中… Ⅱ．①江… Ⅲ．①青花瓷（考古）– 器物纹
饰（考古）– 中国 – 图集 Ⅳ．① K876.32

中国版本图书馆 CIP 数据核字（2022）第 253229 号

中国青花瓷纹饰图典·人物卷（第2版）

Zhongguo Qinghuaci Wenshi Tudian · Renwu Juan（Di 2 Ban）

编　　者：江苏省古陶瓷研究会
出版发行：东南大学出版社
地　　址：南京市四牌楼 2 号　邮编：210096
网　　址：http ://www.seupress.com
出 版 人：白云飞
经　　销：全国各地新华书店
印　　刷：南京新世纪联盟印务有限公司
开　　本：889 mm×1194 mm　1/16
印　　张：15.75
字　　数：499 千字
版　　次：2023 年 11 月第 2 版
印　　次：2023 年 11 月第 1 次印刷
书　　号：ISBN　978-7-5766-0636-2
定　　价：220.00 元

本社图书若有印装质量问题，请直接与营销部联系。电话：025-83791830
责任编辑：刘庆楚　责任校对：张万莹　封面设计：王玥 宗元　责任印制：周荣虎

《中国青花瓷纹饰图典》
修订及"补遗"说明

《中国青花瓷纹饰图典》大型工具丛书（含人物、花鸟、山水、铭文款识卷，共4卷5册）于2008—2010年由我社陆续出版。本丛书研究了中国元明清三朝青花瓷各类纹饰的题材、特色及其价值，大体运用类型学的方法，再加以时代的先后排比，系统地提供了中国青花瓷纹饰的发展长卷，不光对中国陶瓷史的研究提供了可信的标本资料，而且对中国美术史的研究亦提供了另外的研究路径和媒介资料。因此受到了学术界的广泛欢迎，陶瓷学者和美术学者将其当做"陶瓷绘画"（或曰"陶瓷装饰"）的基本资料库，广大的收藏爱好者则将其当做按图索骥的案头工具书，在收藏市场上佐定真伪。

丛书的出版也得到了中国古陶瓷学会的高度肯定，时任中国古陶瓷学会会长、中国古陶瓷鉴定"第一人"耿宝昌先生，为丛书题写书名；中国古陶瓷学会副会长、南京博物院研究员、人称"张青花"的张浦生先生为丛书欣然作序。

丛书的出版距今已经十余年了，但读者的喜爱之情并未消减，无论是我社，还是编撰者，都收到不少读者反馈，希望修订；同时十余年来，我们又征集到不少精彩的标本资料，也有必要予以增补，以资进一步完善。经过江苏省古陶瓷研究会的授权，我们决定重新出版该丛书。与第一版相比，本次重版有以下特色：

1. 在基本保留原书框架基础上，出版一册"增补本"，内容包含人物、花鸟两部分内容；增补的"山水"内容补充进原来的"山水卷"中，增补的"款识"内容补充进原来的"铭文款识卷"中，因第一版的"山水卷"和"铭文款识卷"内容较少，篇幅偏薄。这样，一套 6 册，基本上做到篇幅相当了。

2. 原版是大 32 开本，开本小，图片相应也偏小，虽然图书定价上较便宜，但也有不少读者反映看图片"不过瘾"；本次修订，江苏省古陶瓷研究会原会长、丛书主编李绍斌同志建议采用大开本，将图片放大，尤其是精彩的图片要放大，由此我们适当对图片做了点删减，主要是删减了一些"类同"的不太精彩的图片，并不会影响图书的资料价值。

3. 本次修订，我们对原书的文字资料，尤其是标本的纪年部分，重新予以审定，因此修改了多处标本纪年，以便收藏爱好者更准确地"比对"标本，确定年代，少走弯路。

必须说明的是，对标本的断代，尽管我们付出了很大的努力，但也只是反映了我们的认识。读者可能会有不同的看法，也希望读者与我们分享，以便修订时参酌。

本次修订，我们衷心感谢江苏省古陶瓷研究会的支持；感谢李绍斌、蒋光意、王德安、钱俊华等修订的组织者和编撰者；感谢丛书初版编辑委员会各位成员；感谢刘庆楚先生参加本丛书的修订工作和补遗卷的编辑撰写工作。

最后，我们尤其要感谢为丛书初版和修订提供标本资料的各位收藏者，没有你们的无私帮助，丛书的资料不可能这么丰富、全面；也正因为江苏省古陶瓷研究会团结了全国众多的古陶瓷收藏爱好者，才能组织编撰出这样一部"图典"性质的陶瓷工具书，舍此，任何个人或组织均无能为力，丛书也因此成为目前"唯一"的权威性的大型古陶瓷标本资料书。

江苏省古陶瓷研究会
东南大学出版社
2023.8.15

《中国青花瓷纹饰图典》
修订版及"补遗"组织与编撰人员

编撰人员名单（按姓氏笔画排列）

王德安　刘庆楚　李绍斌　钱俊华　蒋光意

图片摄影　蒋光意

顾　　问　苏　京　贺云翱

主　　编　李绍斌

副 主 编　王德安　蒋光意　钱俊华　刘庆楚

《中国青花瓷纹饰图典》
初版编辑委员会

顾　问　张浦生

主　编　李绍斌

副主编　王德安　周道祥　邢舒良　蒋光意

编　委（按姓氏笔画排列）

王胜利　王德安　邢舒良　朱友山　朱　戢　刘金祥

李绍斌　何仕钊　周道祥　赵　刚　郝金宝　贺云翱

梁剑铭　蒋光意　霍　华

图片摄影　蒋光意

《中国青花瓷纹饰图典》
修订版及"补遗"资料提供人员名单

（按姓氏笔画为序）

王德安	朱友山	刘庆楚	刘金祥	江跃飞	苏 平	苏 京
李绍斌	杨玉贵	吴忠信	吴 培	沈冬成	陈凤祥	陈文俊
陈 宏	范同利	周 峰	费 腾	袁文彬	钱俊华	唐英学社
曹兆浦	曹兆燎	章竞成	蒋光意	蒋建超	谢志雄	薛美林

《中国青花瓷纹饰图典》
初版本资料提供人员名单

（按姓氏笔画为序）

丁 俊	马广彦	马 平	王念石	王德安	王世纬	王耀东
王胜利	王肇南	王晨忠	田宁伟	孙梓平	孙梓宁	孙 欣
成 刚	朱友山	朱 戢	刘 健	刘振宇	邢舒良	池 澄
江 平	吕国玉	宋凌晨	汪冰洋	杨 笛	李绍斌	李 蔚
李广宁	李 健	吴宁兴	沈立新	张 铠	张 成	张浦生
张 磊	张国昌	张 敢	陈露云	陈文禄	陈光荣	何建华
周延琛	周道祥	贺云翱	赵 刚	查夏泉	姚金宁	徐金荣
秦一仁	夏如刚	梁剑铭	谢尚松	程绍斌	葛师科	蒋光意
潘山君	霍 华	薛福祥				

题　　记

　　中国是举世闻名的陶瓷古国，陶瓷文化源远流长，陶瓷艺术博大精深。尤其是元、明、清的青花瓷，用氧化钴为颜料，以中国画的笔法，绘制在洁白的瓷胎上，罩以透明釉烧制出来，形成了一幅幅幽倩亮丽、美不胜收的中国画。这实乃绘画艺术、造型艺术的结晶，同时也是社会经济、文化、政治、民俗的生动反映。

　　除了完整的青花瓷器外，在各历史文化名城的地下还蕴藏着大量的青花瓷片资源，这是前人留下的永不褪色的美的历史。随着经济的发展、城市的开发，大量的地下古瓷片重见天日。有识之士不辞辛苦，抢救、采撷一片片破碎的文明，研究、欣赏一幅幅瓷绘艺术作品，从而形成了一个闻名中外的"瓷片族"。本书所汇集的图录，正是瓷片族们数十年来所收藏的青花瓷画精品，为古陶瓷收藏者、研究者、文博考古工作者、美术和教育工作者以及一切热爱中国古代艺术的人们，提供一份瑰丽多彩的文化大餐。读者能从中较全面地了解古代青花瓷绘知识；经过纹饰对照，掌握青花瓷断代的方法；增加收藏青花瓷的兴趣，提高对瓷绘艺术的鉴赏水平。

参与丛书修订及补遗工作的部分人员合影（从右到左）：蒋光鼐、钱俊华、李绍武、刘庆楚、佘功强

弘扬瓷绘艺术　传承民族精粹

——《中国青花瓷纹饰图典》序

国家文物鉴定委员会委员
中国古陶瓷学会副会长　张浦生
江苏省文史研究馆馆员
南京博物院研究员

中国文化遗产蕴藏着中华民族独有的精神价值与思维方式，体现着中华民族的生命力和创造力，是华夏各民族智慧的结晶，也是全人类文明的瑰宝。保护文化遗产是联结民族情感的纽带，是增强民族团结和维护国家统一、社会和谐的重要文化基础。作为传承中华文化重要载体的瓷器乃是一项多姿多彩的文化遗产。人们常说，瓷器是中国人的名片。大凡中国人，对自己国粹的瓷器，总是情有独钟。

我国制瓷历史悠久、源远流长。不同时代的瓷器有不同的特征。质朴清雅、绘画生动的釉下彩青花瓷更是我国制瓷业中一个最著名的品种，它深深植根于民间。从唐代起源至今天已有一千多年的历史，始终兴盛不衰。而赏心悦目之青花瓷，历来深受世人

瞩目与青睐的关键，就在于其博大精深的瓷绘艺术。这中间，特别是元、明、清三代景德镇瓷绘画师创作的青花瓷画，尤其技艺超群，名扬中外。他们不仅吸取了儒、道、释之精髓，而且也融合了作者自身的天赋悟性、哲思人格、艺术修养、心灵理念等，因此当我们见到一幅名品佳作时，往往会从内心深处由衷地涌现出一种高山仰止之感。俗话说，"人之美在心，瓷之美在意"，心意相通可谓大美矣。石破天惊！君曾记得2005年7月12日在英国伦敦佳士得艺术品拍卖会上，竟出现了一件描绘战国时代历史故事的"鬼谷下山图"元青花大罐以约二亿三千万人民币天价成交的事例，这在中国艺术品拍卖史上是史无前例的。它使中国古代青花瓷画具有无穷艺术魅力得到了最好的诠释。

收藏是保护历史文化遗产、陶冶情操、丰富业余生活的高雅活动。在社会安定、经济繁荣、生活水平不断提高的今天，收藏已不再是权贵富商、文人雅士的专利，而成为越来越多的有识之士精神生活的重要组成部分。自上个世纪 80 年代中叶以来，古城南京涌现出一批痴迷古瓷片的收藏群体。他们认为瓷器完整固然保存了当时的风貌，但尘封数百年的残缺破损的瓷片，则更能体现历史的沧桑，使人产生无限的遐想。

在这批瓷片收藏族中，有教授、作家、画家、记者、工程师、科技人员、机关干部等，他们乐此不疲地收集残破古瓷片，既不是以营利为目的，也不仅仅是纯粹的个人兴趣爱好，而是为了整理研究文化遗存、地域历史、乡土资源，进而更好地加以传承。其出发点是保护弘扬优秀的中华传统文化，是要将古城名镇中被人遗忘的陶瓷文化寻找回来，并加以发扬光大。

书籍是人类的老师和朋友，书籍亦是知

萧何月下追韩信

鬼谷下山青花罐

识的源泉。多少年来,痴迷的瓷片族都有一个美好的心愿,就是要将大家手里林林总总、形形色色的青花瓷片,汇集起来精选其典型、精美、稀有之品,加以整理研究,编纂成册,予以出版。经过江苏省古陶瓷研究会相当长一段时间的精心筹划,现在终于夙愿得偿了。

《中国青花瓷纹饰图典》的问世,为我们全面了解中国古代青花瓷绘文化,提供了生动真实的第一手资料,它填补了中国古代绘画史的空白,在中华美术研究方面具有很重要的价值和意义。与此同时,该书的出版亦为古瓷爱好者、收藏家鉴赏与研究青花瓷提供了一部有用的工具书,可以使人得到启发和教益。

我一生爱瓷,尤爱青花。愿中国青花这一民族文化之花长盛不衰,续吐芬芳。

是为序!

丙戌年盛夏于金陵片瓷山房

目　录

青花瓷人物画导论

中国画是中华民族智慧和审美情趣的创造性的集中表现,是社会意识形态和现实生活的深刻反映和艺术概括。古代陶瓷器的造型艺术加上绘画艺术,体现出一个个不同时代的文化、文明和风格。收藏和鉴赏古陶瓷,不可不留意古代陶瓷艺术上的装饰,不可不研究不同时代不同的绘画题材和画风。中国古代青花瓷纹饰则是中国画以瓷为载体,以氧化钴为颜料的绘画形式。这一创新的绘画形式,体现了画家与制瓷艺人的合作,继承了中国画的传统,肩负着走向世界的使命。瓷器上一幅幅幽倩素雅的青花纹饰,可以永不褪色地保存下去,反映了古人对美的永恒追求。青花瓷器这种创新之作,成为中国的国粹,也被誉为"国瓷",并得到世界的赞誉和认同。

青花人物纹饰是青花瓷画的重要组成部分。元、明、清三代,瓷器上产生了丰富多彩的人物画作品。正因为它们画在瓷胎上,上面罩以透明釉,所以具备了历久弥新的品格。时隔数百年,今天看来依然如新鲜出炉,靓丽动人。这些瓷画不仅有皇权意志的体现,更有民意民心的反映,凝聚着社会的心态,积淀了历史和文化。它博大精深的内涵、深刻的艺术感染力,让今人陶醉。

尽管青花瓷画人物纹饰十分丰富多彩,涉及各种题材,但概括起来,可分为以下几大类:

一、古代科举制度与封建文人的目标追求

"读书做官"和"高官厚禄"是明清时期科举制度对社会的深刻影响,这种影响在青花瓷上有充分的反映。

从隋代开始的科举选官制度,经过唐代的完善、宋代的发展、元代的跌落、明代的鼎盛,最后在清代末年结束。所谓"开科取士""为国求贤",成为统治阶级选拔人才的主要途径。"吃得苦中苦,方为人上人"就成了学子入仕的行动纲领。科举考试分三级,分别为乡试、会试和殿试,这三级考试决出举人、贡士、进士。这三部分幸运者的第一名分别是解元、会元、状元。于是"三元及第"经过整个社会上上下下的宣传炒作,成为根深蒂固的光宗耀祖的思想。科举制度是封建文人实现"学而优则

仕"、进入官宦阶级的阶梯。与封建法权相适应的科举制度，设置了多种学业等级和官吏的级别，一个知识分子能爬到哪一等第，就能享有多大的封建特权。士子们热衷于科举，就是为了爬进统治集团，攫取高官厚禄，猎取功名富贵。科举制度像一条无形的绳索捆绑着人们的思想，控制着整个社会。这在明清青花瓷画上，也反映得非常充分。明代和清初是青花瓷发展的鼎盛期，青花瓷的鼎盛期赶上了科举制度的鼎盛期，青花瓷画的人物纹饰的科举题材自然成了"重头戏"。

科举制度既然是封建王朝的基本选仕制度，科举教育从儿童抓起，也就成为基本的教育制度。因此，青花人物纹饰中出现了"三娘教子""望子成龙""五子登科""课子读书""月下诵读""寒窗苦读"等画面。宣传的就是"万般皆下品，惟有读书高"的观念。

所以，不论官窑还是民窑，"读书做官"是一个永恒的绘画主题。当然这些纹饰有的直截了当，有的隐蔽曲折，有的通过吉祥寓意，含蓄地表现出封建文人们的奋斗目标和理想追求。如在"图典"中：一个文人脚下踩一片云彩，便是"青云直上"；如果手中再持一枝桂花，便是"云中折桂""折桂图"（摘取功名富贵）；一个左手握戟，右手提印，便是"加官晋级"；一只猴子拿三个圆环抛向一个文人，便称之为"连中三元"；一个人站立于鳌鱼头上，便是"独占鳌头"。总之，都是盼望着科举得中、指日高升的吉利图像。最为常见的图案当数"高官厚禄"了，纹饰是一个头戴乌纱的官人，身后站着一只鹿。让人一目了然，表现的是做高官、享厚禄的寓意。这种瓷画从万历到崇祯，历代都有，只不过前期工细一些，越往后越粗率，大约是人们越来越感到瓷画上的寓意虽美好，总

是靠不住的。还有一些纹饰画得更直接：如"金榜题名""跨马游街"等等。相关图案还有"带子上朝""魁星点斗""魁星踢斗"之类。

通过丰富多彩的画题、生动的纹饰、美好的寓意、吉祥的图案，以引起人们的兴趣，树立"读书做官"的榜样，将这种封建阶级的统治思想千方百计渗透到民间去。瓷绘画家和艺人不管是有意识还是无意识，总之是做了这方面的宣传工作。

二、封建知识分子的另类人物——崇尚自然的隐逸高士

在封建社会中，大部分知识分子为了光宗耀祖和功名利禄，投身到科举仕途，也有少数知识分子身处战乱之中，改朝换代之时，深感社会黑暗，官场腐败，自己怀才不遇，抱负无法实现等原因，不满现实，采取与统治者不合作的态度。或躲进深山，过着隐居生活；或躬耕于田园，自食其力；或流连于山川林泉；或沉醉、陶冶于琴棋书画之中，不科考、不入仕，崇尚自由和自然，幻想世外桃源的生活。当然其中有一些人是为人们所景仰的有才华、有名气的人物，然而他们不被重用，因而淡泊名利，远离仕途。于是，社会上便出现了一个被称为"隐士""高士"的人群。这些人也为社会的一部分人所羡慕、所崇敬，作为中国画的一个重要题材加以推崇。

自元代开始，明代及清早期的青花瓷画上，隐士图、高士图或贤士图，屡见不鲜。典型的纹饰有"四爱图"：陶渊明爱菊，周敦颐爱莲，林和靖爱梅、爱鹤，王羲之爱兰、爱鹅。这是根据四位古人的偏爱而形成的常用绘画题材。或四人同集于一器，或分别单独成画，表现在明代青花上较多。

有"渔樵耕读"图，同一帧瓷画中反映了隐士的四种生活：打渔、砍柴、耕田、读书，或垂钓、耕作、下棋，自食其力，悠然自乐。

有"踏雪寻梅""携琴访友""驴背吟诗""东坡夜游""高士观画"，以及"望江图""独钓图""品箫图""行吟图""赏春图""观星图""观瀑图""鼓琴图"等等。

最为知识分子们看重和称道的还有"竹林七贤"。画面上反映魏晋时代与统治阶级相左的隐逸之士阮籍、嵇康、山涛、向秀、刘伶、王戎、阮咸等七人，他们在竹林之中遨游、闲谈、弹琴、对弈、吟诗、饮酒、舒啸等活动的情景，表现出不同的神态。七人都是魏晋名士、士族知识分子、诗人、文学家。他们的思想行为多蔑视礼教，崇尚老庄，狂放不羁，嗜酒谈玄，与当权者有一定的冲突。他们的旷达、高雅、孤傲、张扬个性、崇尚自然，成为后来一些知识分子的理想人格和楷模。所以从南朝开始便有"竹林七贤"的模印砖画出现，在明清时代青花瓷绘上，更成为常见的题材，多出现在青花笔筒、画缸之上。

三、神话故事传说与对道释人物的崇拜

在明清时代的青花瓷器上，有关神话和神仙故事题材的纹饰是相当普遍的。宗教题材的绘画，也影响到了社会的各个层面。

神仙和神话的产生，有其历史的、社会的根源。由于原始社会生产力水平低下，限制了人们的认识水平，人们为了生存，在与自然界作斗争的过程中，不可能了解和掌握自然的客观规律，在自然力量面前，显得无能为力，因此，人们把自然界的各种变化，都主观地归结为神的意志和权力。他们便依照自己心目中

的英雄形象，创造了各种神的形象。马克思说，"神话是在人民幻想中经过不自觉的艺术方式所加工过的自然界和社会形态。"对自然现象和社会生活的天真解释和美丽向往，口头流传，影响深远。后来统治者为了推行封建的意识形态，以作为统治人民思想的工具，又借助于宗教，对神仙进行艺术加工。

道教在中国有悠久的历史，起于东汉，立于北魏而盛于隋唐。道教宣称经过辟谷修行，人可以得道成仙，长生不死，来无影去无踪，任意变幻。道教徒将这种得道后能"超脱生死"、变幻莫测的人称之为神仙。虽尊老子为始祖，实与老子学说大相径庭。但他们创造的一些神仙形象则是生动可爱的，仙人神通广大，不图富贵，心地善良，乐于助人，劝人向善，摒弃邪恶。所以道教才能立于社会，影响深远。在青花瓷上，有"老子炼丹""老子骑牛"等图案。之外，始于唐而盛于明的八仙人物，在明清时成了一个青花绘画专门题材。汉钟离、张果老、吕洞宾、铁拐李、韩湘子、曹国舅、蓝采和、何仙姑八人，成为八仙的代表人物。他们随身的标志物分别是：仙桃和芭蕉扇、毛驴和渔鼓、拂尘和宝剑、葫芦和拐杖、高髻和竹笛、乌纱帽和阴阳板、花篮和花锄、莲蓬和笊篱。画面上可八人同在，也可分别作为画面主角，或三五成群。典型画题有"八仙过海""八仙献寿""群仙祝寿""度吕图""炼丹图"等等。

八仙之外，还有众多神仙被绘入青花瓷画之中，如：张骞乘槎、东方朔献桃、刘海戏蟾、和合二仙、萧史弄玉、嫦娥奔月、琴高骑鲤，以及福、禄、寿、喜、财神等。

如果说道教是产生于中国的特有宗教，那么佛教则是外传宗教。佛教产生于公元前6世纪的古印度，西汉时传入中国内地，被视作

神仙方术的一种。东汉明帝时才有佛经介绍到中国，作为中国正式有佛教的标志。此后，佛教教义逐渐同中国传统的伦理和宗教观念相结合。魏晋南北朝时，佛教又同玄学结合，流传全国。隋唐时，形成了有中国特色的、自成体系的佛教宗派。与中国的道家、儒家形成了中国"三教"——释、道、儒，深入到广大人民思想生活领域，对中国哲学、文学、艺术和民间风俗产生了深远影响，以至在青花瓷器上多有反映。最为著名的纹饰是"达摩面壁""苇叶渡江""达摩得悟"。达摩名菩提达摩，南印度人，南朝时航海到中国，在金陵受到梁武帝接见。后渡江北去，在嵩山少林寺面壁九年，达到"舍伪归真""无自无他"的境界，成为中国佛教禅宗的初祖。所以明清之际，有关达摩的青花瓷画颇多。之外，青花纹饰还有"众僧听法""和尚念经""布袋和尚""寒山拾得""十八罗汉""庭院说法""天女散花""降龙伏虎""观音图"等等。

青花瓷上的宗教画面，也反映出了皇帝的信仰和喜好。例如明代正德皇帝崇尚伊斯兰教，那个朝代的青花出现了阿拉伯文；嘉靖皇帝笃信道教，那个朝代多有老子和八仙的画面，甚至将佛教的达摩也画得像道士模样；清代皇帝大多信奉佛陀，顺治皇帝曾多次出家，所以佛教人物的大量涌现也就不奇怪了。

四、历史故事人物和文学戏剧场景

在元、明、清三朝八百年中，青花人物瓷画，前期以历史人物为题材的较多，后期则以文学小说和戏剧人物为多见。

在中国的历史上，出现过许多杰出的历史人物，演出了许多生动的历史故事，世代相传，尊为楷模。有的记入正史、稗史，有的被写成

杂剧、故事，有些则出现在画家的笔下，形象更为传神。其中一些作品在青花瓷器上被保留了下来，是十分宝贵的。历史人物画画得最好、最精，艺术价值最高的当数元青花大器上的经典之作。比如现藏南京博物馆的"萧何月下追韩信"梅瓶，湖南省博物馆的"蒙恬将军"玉壶春瓶，广东省博物馆的"陶潜访友"玉壶春瓶，武汉文物处的"四爱图"梅瓶；以及流失海外的"三顾茅庐"大罐、"周亚夫细柳营"盖罐、"西厢记"梅瓶、"昭君出塞"大罐、"八蛮进宝"大罐、"尉迟恭救主"大罐，还有2005年伦敦佳士得拍卖高价成交的"鬼谷下山"大罐等。这些青花历史人物纹和元杂剧人物的瓷画，构图严谨得当，场景大气磅礴，人物生动传神，造型比例精到，线条流畅自然。每件都是精品、绝品，都是价值连城的国宝。这些画或出于元代重要画家之手，或是高明画师以画家作品为蓝本，精心绘制。所以水平之高是后代青花人物画无法企及的。

明早期传承元青花大器绘画题材，也有"三顾茅庐""四爱图"等，但画技均逊一筹。至于常见的张骞乘槎图，更是草率之极。成化以后，历史人物瓷画渐多，官窑严谨，民窑率意，出现了"季札挂剑""东坡游赤壁"等题材。

明代传奇故事和白话小说十分兴盛，"三言""二拍"大受社会各阶层欢迎。长篇小说《三国演义》《水浒传》《西游记》《金瓶梅》等成为奇书，在市民和士大夫中不胫而走。元杂剧之后，明清时代的戏剧也十分兴旺，特别是徽班进京造成巨大影响。清乾隆五十五年（1790年），为给高宗弘历祝寿，从扬州征调了以著名戏曲艺人高朗亭为台柱的"三庆"徽班入京，成为徽班进京的先导。接着，其他徽班相继进京，长期在北京演出。他们又同来自湖

北的汉调艺人合作,以徽调的"二黄"和汉调的"西皮"为基础,不断吸收京腔、昆腔、秦腔以及其他地方戏曲、民间乐曲的剧目、曲调和表演方法,从而演变成为京剧。因此,在中国戏剧史上,徽班进京被认为是开创戏剧新纪元的重要事件。它的影响也波及青花瓷画,清代乾隆以后青花瓷画多有戏文故事。

比较典型的文学戏剧题材的青花瓷画有三国戏文故事,如"三顾茅庐""空城计""关羽之死""三英战吕布""桃园结义""辕门射戟"等,及《水浒传》故事、《西游记》故事、《西厢记》《牡丹亭》等折子戏内容,以及大量的文学作品中的所谓"刀马人物"武打场面。

这些青花人物画的出现,实际上将文学戏剧中的故事普及到了群众之中,在实用器或观赏器上,人们既得到了一定的历史知识,又获得了美感享受,故这类瓷器大受欢迎。

值得一提的是明代小说《金瓶梅》所描述的场景,在明代青花瓷绘上也有所反映,那就是"春宫画"成了瓷器上的纹饰。艺术是社会真实的反映。明末社会封建统治阶级的腐化堕落、思想空虚、道德败坏到了空前的地步,上至帝王显贵,下至士流、豪绅、暴发户,在两性关系上的糜烂生活,是一个重要特征。除了一夫多妻制外,明末娼妓青楼更为盛行。世间不以纵谈闺闱之事、方药秘籍、性器之术为耻,反映在青花瓷绘上,赤裸裸的春宫画竟出现在盘碗之中。本书所选两枚残片标本,一枚出于南京,一枚出自淮安,其大胆的性生活的描绘使读者可窥一斑。

五、生动活泼的婴戏图和多子多福的"百子图"

在中国古代绘画中,与山水画、花鸟画相比较,人物画不算多。而在不多的人物画中,表现儿童游戏主题的婴戏图却占有相当的数量。故在古代青花瓷器装饰上,婴戏图也是一个丰富多彩的题材,而且最为生动活泼,为人们所喜爱。

在陶瓷上绘画婴戏图,据现存资料看,最早出现在唐代。比如长沙窑生产的釉下彩绘壶上,就曾画有儿童依肩荷莲的绿彩纹饰。

在两宋时期,出现了许多画婴戏图的高手,特别是苏汉臣,一生创作了大量的儿童题材的作品,可以说深入到了儿童生活的各个方面,表现了儿童生活的各种情致,开了一代婴戏图画风,许多人学习他的画法。这说明婴戏图不仅为老百姓所喜爱,也为文人和贵族所欣赏。所以,正是由于众多画家的带动,宋代以后瓷器上以儿童为题材的纹饰,便在诸多瓷窑中流传开来。

较为著名的窑口有:定窑划花、印花婴戏图白釉瓷,耀州窑划花、刻花婴戏图青釉瓷,磁州窑、介休窑白釉褐彩、黑彩婴戏图瓷枕,景德镇窑刻花婴戏图影青瓷等等。纹饰内容以童子戏花为多见,之外还有童子戏鸭、踢球、骑竹马、放爆竹、玩陀螺等多种多样图案。在婴戏图的表现手法上,印花如织锦,美不可言,但较为刻板;刻花、划花手法灵活,线条流畅,颇为生动;绘画勾勒,色分浓淡,更具表现力。

明清以来,在青花瓷器上,婴戏图成了最为丰富多彩的纹饰。正因为用笔蘸钴料,采用中国画技法在瓷上进行绘制,所以画面上的儿童便能传神,使婴戏图绘画装饰的瓷器更受欢迎。尤其是景德镇民窑青花婴戏图,不管是写意还是线描,儿童形象生动活泼。"踢毽子""放风筝""斗蟋蟀""蹴鞠""习武""提灯""斗草""舞龙""舞扇""扑蝶"等等,以及对儿童富有启发教育意义的"破缸救友""树洞灌球"等故事性的图画,表现出了儿童天真活泼的神态,有着浓厚的民间色彩。

晚明以后的婴戏图内容更为广泛。然而细细分析,除"连年有余""一路青莲""莲生贵子"等少数有美好健康寓意者尚可观外,大多表现"多子多福"的主题,比如"四妃十六子""二十子""百子图"等等,内容表现多为富家子弟玩的情景。有些绘画完全失去了童心和童趣,硬是将大人的理想追求、士大夫的意识,强加给天真无邪的孩子。比如"望子成龙""五子登科""做官发财""加官晋级""骑马坐轿""鸣锣开道"等等,真有点俗不可耐。用封建思想毒害儿童,终于把最有生气、最为人们喜爱的题材引向了末路。

六、妇女形象在青花瓷上的描绘

在封建社会,妇女地位低下,但在绘画中,妇女活动则是一个传统的绘画题材。青花瓷上有关妇女的纹饰主要有三个方面。

一是反映贵族妇女生活的"仕女图",这部分瓷绘多在官窑器上,少数在民窑器上,线条纤细,画法讲究。由于明清时代贵族妇女受封建礼法的束缚,"大门不出,二门不迈",所以她们的活动空间多局限在居室庭院之中。因此画面的背景也多是亭台楼阁、假山曲栏、花草树木,典型纹饰有"琴棋书画""盥洗梳妆""焚香拜月""游春赏花""对弈谈诗""采花扑蝶""秋千嬉戏""烧香拜佛""课子教女""女红刺绣"等等。

二是反映婢女生活和歌女舞姬表演的歌舞类。从元到明清,这方面的青花纹饰也较多。如独舞图、舞乐图、品箫图、演奏图、奉巾图、献酒图、捧瓶图等。

三是反映劳动妇女活动场景的民窑青花瓷绘。这方面的纹饰线条粗率,不注重细节描绘,但构图生动活泼,具有浓郁的民窑特色。如采莲图、耕织图、撑船图、渔家乐等等。

七、民窑中劳动人民生活的写照

明代即使在盛行官窑刻板的图案纹饰的同时,也有一部分具有浓郁生活气息的民窑青花瓷画出现。尤其在官窑瓷处于低谷的正统、景泰、天顺三朝,表现十分突出。这以后的成化、弘治等朝,也不乏清新之作。特别在万历朝后期,官窑制作日渐衰落,而民窑随着国内市场和外销需求的增长,有了较大的发展,其间青花瓷画改变了以官窑为蓝本的惯例,瓷画师们将目光投向景德镇以外地区,向当时的新安画派和安徽版画寻求借鉴。特别是天启、崇祯时期的画面更为突出。在封建社会里尽管统治阶级的思想占据统治地位,在陶瓷器上打着统治阶级意识形态的烙印,不足为奇。但是,陶瓷毕竟是劳动人民制造出来的,在纹饰绘画上反映自己劳动的场景和生活画面,也是理所当然的。特别是这些瓷器的烧制,不仅可以满足社会上劳动人民实用的需要,而且更能够反映他们劳动生活的绘画,自然也会受到他们的欢迎。

明清民窑青花瓷表现人民生活的多为农耕图。如牧牛、耕作、摆渡、捕鱼、狩猎、挑担、售物、猜拳行令、渔人得利、风雨夜归等。清代早期及晚期多农耕的画面,如康熙年的"渔樵耕读",虽然描绘有打渔、挑柴、耕田的场面,但总会出现一个读书人,暗示"万般皆下品,惟有读书高"。这与清初帝王鼓励农桑、奖掖士学有关。清代末期农耕图的画面多为写实，人物形象较为呆板。

值得一提的是，明代出现了景德镇制瓷业的青花御窑厂全景图，昌江两岸，三街六市，制坯的、装饰的、烧瓷的、贩运的，人物繁多，场景恢宏。景德镇的繁荣景象，制瓷业的兴旺情景，劳动者的活动场面，都非常精细地表现了出来。

从本书所汇集的青花瓷画可以看到，元代的人物画多为历史故事和杂剧场景，均绘制在形体较大的器物上，如梅瓶、玉壶春瓶、大罐等，碗、盘中的人物画甚少。多用进口钴料，发色纯正艳丽，绘画技艺高超，线条流畅自然。人物多处于画面最主要位置，刻画细腻生动，背景烘托故事气氛，景物错落有致，较好地表现主题，有极强的艺术感染力，能给人留下深刻印象。可以看出这些画法画风受到元代画家何澄、赵孟頫、赵雍、任仁发等人的一定影响。通过这些绘制在瓷器上的青花画，可以让人领略到元代绘画的技巧和风格，了解元代的服饰和民俗，增加对元代杂剧在当时流行情况的认识。

明代青花人物绘画，也是深受当时画家唐寅、文征明、仇英、钱谷、徐渭等画风影响的。因此多为写意画，画面豪放，笔意酣畅，构图简朴，人物纹饰的题材广泛，八仙、罗汉、神仙人物较多。明中晚期广为流行的婴戏纹很有特色，以嘉靖为界，之前头部丰满圆润，前头部突出，刘海飘起；嘉靖及之后，所绘儿童的后脑硕大，头发一撮毛。永宣时期青花纹饰常见神话、仕女人物，画意豪放生动；空白期青花纹饰则以高士、历史人物为多；成化、弘治时期瓷器生产呈现兴旺局面，青花人物色调柔和、淡雅，线条清秀简洁，笔意细腻，神态生动，常见婴戏、高士、神话和历史人物；嘉靖到万历，人物题材更为丰富多彩，人物造型较夸张，构图繁缛，多双勾填色法，线条清晰，画风较自然，钴料发色浓艳，蓝中泛紫，很有特色。晚明官窑式微，民窑突起，人物画题材多为世俗人物，画面简洁，多有写意风格，用笔随意潇洒。

清代人物纹饰在明代基础上又有发展，新出现了一些戏剧文学人物、西洋人物、刀马人物等。受清代画家石涛、王原祁、黄慎、郎世宁等人画风的影响，官窑器青花人物，工丽洒脱，繁缛细腻，典雅高贵，主题鲜明。特别是康熙、雍正、乾隆三朝，人物画较多，层次清楚，有立体感，艺术性较高。民窑人物画以写意为主，笔法朴拙，题材多样，但构图往往缺乏章法；精细之作也有，但较少，如受徽州木板年画影响的婴戏纹，神态可爱。

一、科举官宦人物

1. 望子成龙图

　　"可怜天下父母心"，望子成龙是历代父母的最大心愿。在封建社会男尊女卑制度下，既有望子成龙同时又有望女成凤的画意，不能不说是那个时代青花瓷画的一个亮点。

明·弘治·望子成龙望女成凤

清·雍正·望子成龙望女成凤

清·雍正·望子成龙望女成凤

清·雍正·望子成龙望女成凤

清·雍正·望子成龙望女成凤

清·雍正·望子成
龙望女成凤

2. 教子图

　　教子图的内容大多在母子之间进行。母亲教儿子要苦读,要成才,要折桂,即要求他中举夺魁,当状元。画面有站在凳子上、栏杆上,还有爬上梯子折桂的。总之,用一切手段,要儿子博取功名富贵。

明·空白期·教子折桂

明·万历·教子

明·万历·教子

明·万历·教女

明·万历·教子

明·万历·教子

明·万历·课子读书

清·康熙·前程远大

清·康熙·教子折桂

清·康熙·教子折桂

清·康熙·教子折桂

清·康熙·教子折桂

清·康熙·教子折桂

清·康熙·教子折桂

清·嘉庆·教子

3. 中举图

中举图包括殿试传胪、金榜题名、五子登科、登科报喜和跨马游街等内容。表现了中举后的热烈场面，传达了学子梦寐以求的奋斗目标和美好愿望。

明·正德·跨马游街

明·万历·金榜题名

明·万历·榜样

明·万历·登科游街

明·天启·五子登科

清·康熙·赶考

清·康熙·殿试传胪

清·康熙·中举

清·康熙·折桂中举

4.魁星图

魁星是古代天文二十八宿之一，被尊为主宰文章兴衰的神。魁星被画作一手捧斗（象征北斗星），一手执笔，意为用笔点定考试人的姓名，"魁星点斗"或"魁星踢斗"是古代科举制度的"吉祥物"和形象标志。

明·嘉靖·魁星点斗

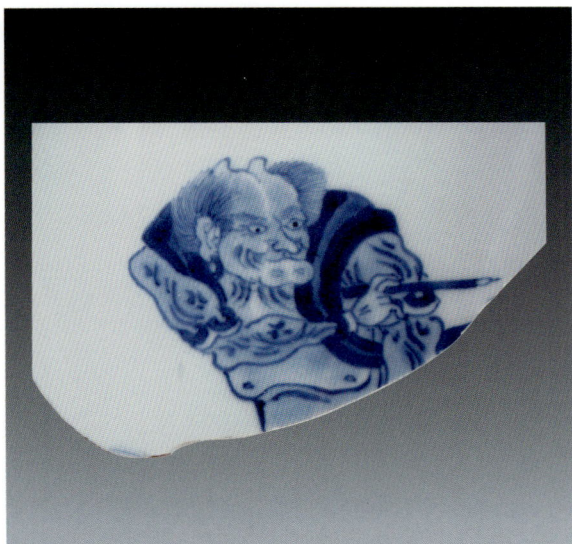

明·嘉靖·魁星点斗

明·万历·魁星点斗

明·万历·魁星踢斗

明·万历·魁星踢斗

明·万历·魁星踢斗

明·万历·魁星踢斗

5. 折桂图

　　折桂图是指蟾宫折桂，也就是高中状元的一个形象代词。常常画着一人手拿桂枝、脚上一片云彩，此乃折桂后平步青云的意思。也有绘站在鳌鱼头上，手举桂枝者，寓意"独占鳌头"。意思和前者一样，也就是拔得头筹后，青云直上、步步高升。

明·万历·青云直上折桂图

明·万历·青云直上折桂图

明·万历·青云直上折桂图

明·万历·青云直上折桂图

明·天启·独占鳌头折桂图

明·万历·独占鳌头

明·天启·青云直上折桂图

明·万历·青云直上折桂图

明·天启·青云直上折桂图

明·天启·青云直上折桂图

清·康熙·蟾宫折桂

6.青云直上图

这类图只画一人站在云彩上，表现士子一旦高中，平步青云之上，即将升官发财的意思。

明·万历·青云直上

明·万历·青云直上

明·万历·青云直上

明·万历·青云直上

明·万历·青云直上

明·天启·青云直上

明·崇祯·青云直上

明·崇祯·青云直上

7. 报捷图

报捷图表现的是骑马将高中的信息尽快告诉考生本人或其家中，所以都有快马加鞭的形象，以表示欣喜和急切的心情。

明·空白期·骑马报捷

明·万历·骑马报捷

明·万历·骑马报捷

明·天启·骑马报捷

8. 高官厚禄图

　　高官厚禄图，前面画高官，后面画鹿。画面用谐音，寓意"高官厚禄（后鹿）"。这是万历、天启年间常用的题材，前者较工细，后者多写意而草率。

明·万历·高官厚禄

明·万历·高官厚禄

明·万历·高官厚禄

明·万历·高官厚禄

明·万历·高官厚禄

明·万历·高官厚禄

明·万历·高官厚禄

明·万历·高官厚禄

明·万历·高官厚禄

明·万历·高官厚禄

明·天启·高官厚禄

明·天启·高官厚禄

9. 拜官图

古代中举之人要诚恳拜谒主考官，以表示感激之情。官员之间出于礼节、联络感情，也会时常相互拜谒。

明·弘治·拜官

明·万历·拜官

明·万历·拜官

明·万历·拜官

明·万历·拜官

明·万历·上朝

明·万历·上朝

明·万历·上朝

清·康熙·深夜迎客

清·康熙·带子上朝

清·康熙·训课

清·嘉庆·带子上朝

10. 加官晋级图

加官晋级（爵）是封建文人入仕后的期盼。青花画上或以官帽，或以爵杯，或以官印，或以兵器戟来表示加官晋级，只是取这些物件的谐音罢了。

明·万历·加官晋级

清·康熙·加官晋级

清·康熙·加官晋级

清·康熙·加官晋级

11. 诵读图

　　学士诵读，或在月下，或在山林，或在岸边，这个画面明代几乎各代都有。明清时期是科举考试最昌盛的年代，宣传"万般皆下品，惟有读书高"的思想，这样的画面在青花瓷绘上得到普及。

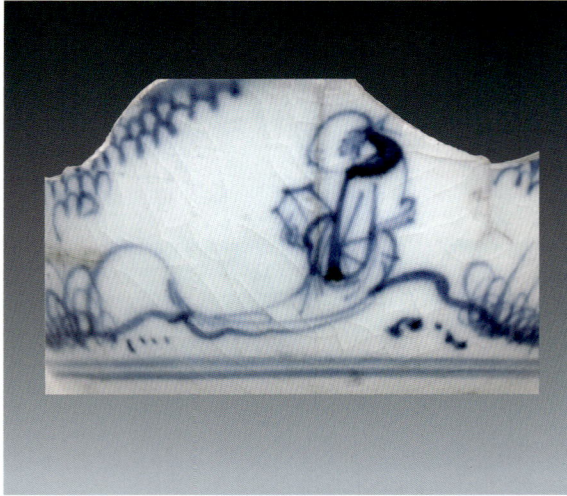

明·空白期·诵读

明·嘉靖·松下诵读

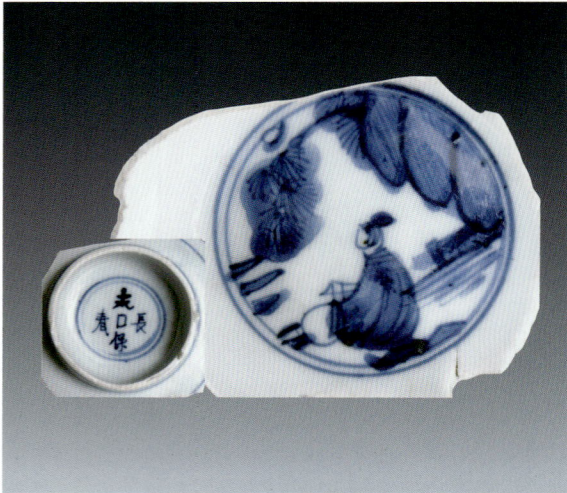

明·嘉靖·松下诵读

明·嘉靖·松下诵读

明·嘉靖·庭院诵读

明·嘉靖·庭院诵读

明·隆庆—万历·松下诵读

明·万历·月下诵读

明·万历·庭院诵读

明·万历·庭院诵读

明·万历·诵读

明·万历·江边诵读

明·天启·江边诵读

明·天启·庭院诵读

明·天启·江边诵读

明·天启·江边诵读

明·天启—崇祯·月下诵读

明·天启—崇祯·松下诵读

明·崇祯·江边诵读

明·崇祯·江边诵读

清·顺治·松下诵读

清·康熙·松下诵读

二、高　士

1. 爱菊图

爱菊图画的是晋代诗人陶渊明。陶渊明不为五斗米折腰，躬耕自食，博学善文，从容自然，平生爱菊之傲寒经霜，崇尚人淡如菊。有名句"采菊东篱下，悠然见南山"。陶渊明爱菊花也成为文人自比清高、不阿权贵的象征。

明·空白期·爱菊

明·空白期·爱菊

明·弘治·爱菊

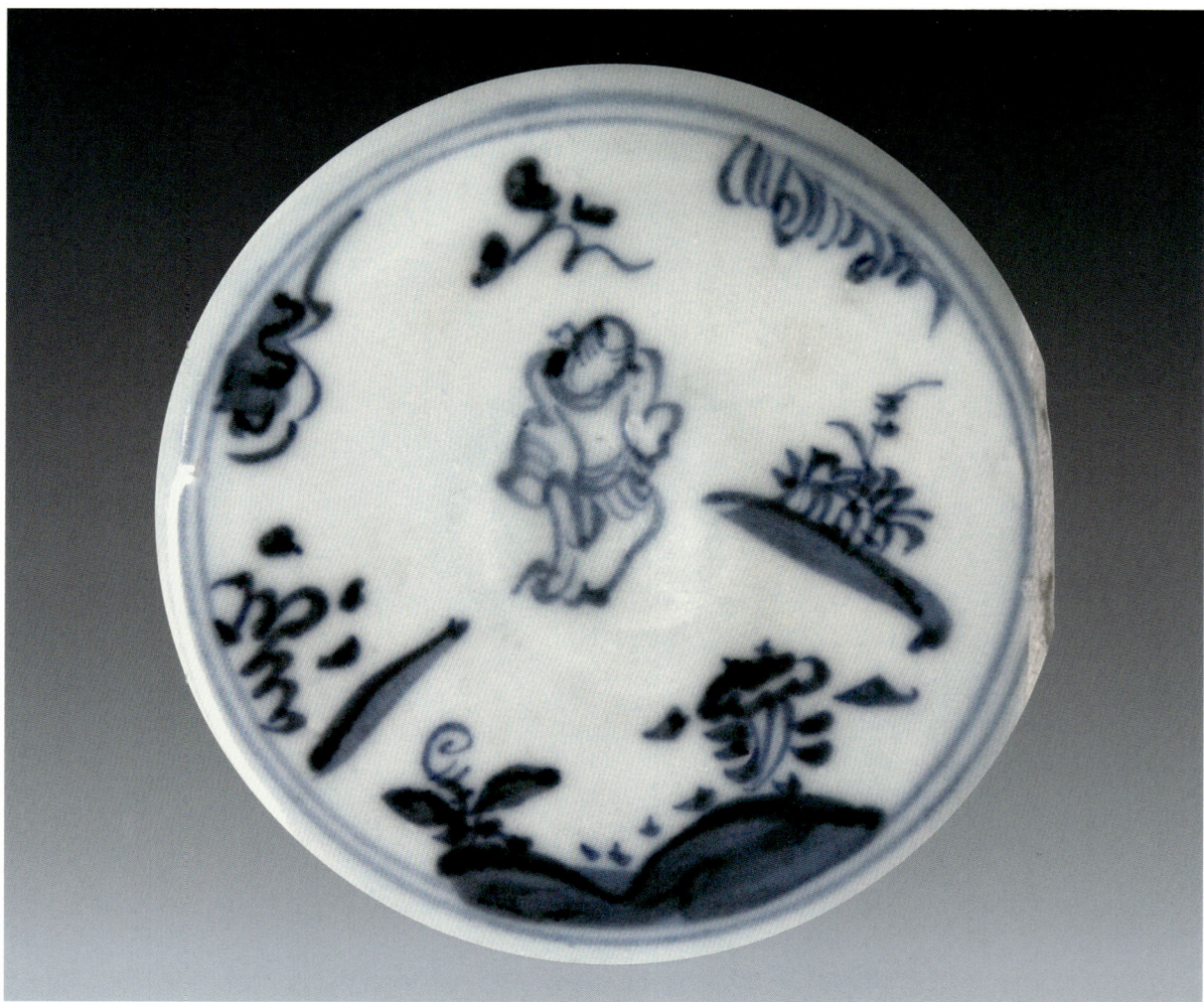

明·弘治·爱菊

明·万历·爱菊

明·万历·爱菊

明·万历·爱菊

明·天启·爱菊

明·天启·爱菊

清·顺治·爱菊

清 · 雍正 · 爱菊

清 · 雍正 · 爱菊

清 · 雍正 · 爱菊

清 · 乾隆 · 爱菊

2. 爱莲图

爱莲图绘的是宋代周敦颐，他写有《爱莲说》，推崇莲花为花中君子，谓之"出淤泥而不染，濯清涟而不妖"。其说一出，文人雅士纷纷以莲花自比，爱莲就成了一种时尚。

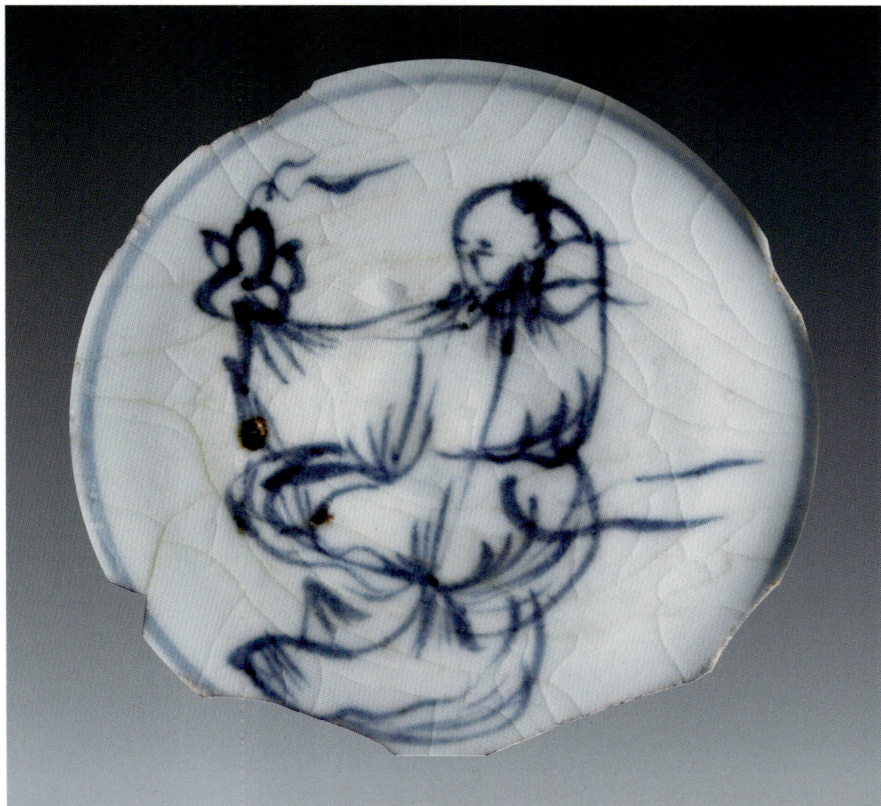

明·洪武·爱莲

明·空白期·爱莲

明·弘治·爱莲

明·弘治·爱莲

明·弘治·爱莲

明·弘治·爱莲

明·万历·爱莲

明·万历·爱莲

晚清·爱莲

3. 爱鹤图

　　爱鹤图是描绘宋代人林和靖的故事，林和靖隐居西湖之孤山，终身不娶，以种梅养鹤自娱，故有"梅妻鹤子"之称。

明·空白期·爱鹤

清·顺治·爱鹤

4. 爱鹅图

爱鹅图是描绘晋代书圣王羲之的故事。王羲之的书法得趣于鹅的飘逸自然，故有写经换鹅和抱鹅换字的趣事。

明·成化·爱鹅

明·万历·爱鹅

明·天启·爱鹅

明·天启·爱鹅

明·崇祯·爱鹅

清·顺治·爱鹅

清·康熙·爱鹅

5. 访友图

　　访友图的故事，源出于春秋时。晋国大夫俞伯牙，善抚琴，钟子期善听琴，两人结为至交。后来钟子期去世，伯牙慨叹世上再无知音人而断弦碎琴，终身不再操琴。访友图多表现携琴访友的画面，琴是媒介，访友是寻找知音，携琴访友就成了文人雅士交友的代词。

明·洪武·访友

明·永乐·访友

明·宣德·访友

明·景泰—天顺·访友

明·景泰—天顺·访友

明·成化·访友

明·成化·访友

明·弘治·携琴访友

明·弘治·携琴访友

明·弘治·携琴访友

明·弘治·携琴访友

明·弘治·携琴访友

明·弘治·携琴访友

明·弘治·携琴访友

明·弘治·携琴访友

明·弘治·携琴访友

明·弘治·携琴访友

明·弘治·携琴访友

明·弘治·月夜访友

明·弘治·携琴访友

明·正德·访友

明·嘉靖·携琴访友

明·万历·携琴访友

明·万历·访友

明·万历·携琴访友

明·万历·携琴访友

明·崇祯·伯牙抚琴

明·崇祯·伯牙抚琴

明·崇祯·山中访友

明·崇祯·携琴访友

清·康熙·携琴访友

清·乾隆·携琴访友

6. 品箫图

　　箫为中国古代发明的管乐器，虞舜之乐有"箫韶九成，有凤来仪"之词，可见品箫为高雅清悠之乐，后代文人雅士多好品箫自乐，故青花瓷上常绘清风皓月下一人独自品箫图。

明·嘉靖·品箫

明·万历·品箫

明·万历·品箫

明·万历·品箫

明·天启·品箫

明·天启·品箫

7. 对弈图

对弈图就是两人下棋，也有多人围观者。下的棋有围棋和象棋，皆为古代文人雅士娱乐消遣的一种高雅活动。

明·空白期·对弈

明·弘治·对弈

明·天启·对弈

晚清·对弈

8.独钓图

　　垂钓不仅是一种捕鱼取食的方式，画高士隐逸独钓，就有多种含义，或休闲、或韬晦、或等待、或作秀，其实都在表达一种人生态度，题材取自于姜子牙渭水独钓以待文王访贤的故事。

明·空白期·独钓

明·空白期·独钓

明·空白期·独钓

明·空白期·独钓

明·空白期·独钓

明·空白期·独钓

明·空白期·独钓

明·成化·独钓

明·成化·独钓

明·成化·独钓

明·弘治·独钓

明·弘治·独钓

明·弘治·独钓

明·正德·独钓

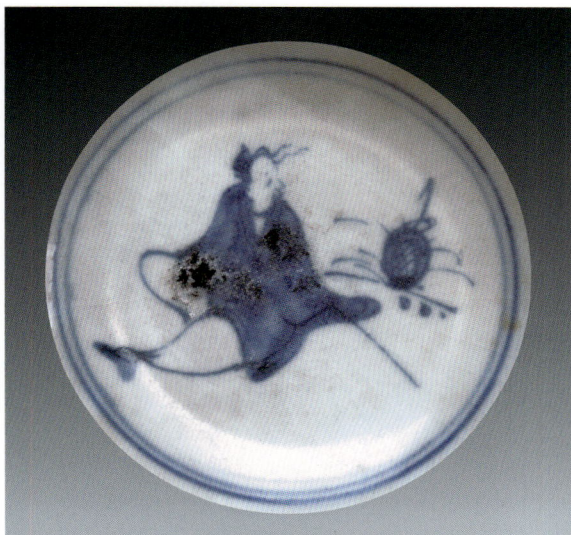

明·嘉靖·独钓

明·万历·独钓

9. 观星图

　　明代青花瓷上的观星图多为三星在天，老人仰望。古书载：三星，心宿也，在天昏时始见于东方。观星当是观福禄寿三星，是绘高士在野外祈祷？还是在占星卜算人生？或许是观天象定方位和季节。

明·弘治·观星

明·弘治·观星

明·弘治·观星

明·弘治·观星

明·弘治—正德·观星

明·弘治—正德·观星

10. 醉酒图

　　青花瓷上的醉酒图表现的当是李白醉酒的故事。杜甫有"李白斗酒诗百篇，长安市上酒家眠。天子呼来不上船，自称臣是酒中仙"之诗句。画面表现种种醉态图形，有醉倒在地的，有醉卧马上的，有就靠着酒坛子睡着了的，是因喜事开怀畅饮喝醉，还是借酒浇愁，不得而知。

　　饮中八仙图是指唐代八位爱饮酒之人，他们是贺知章、张旭、李白、李琎、李适之、崔宗之、苏晋和焦遂。他们之间交谊并非深厚，官职地位也不相同，各人的寄托也不同，共同的只是酒杯一端，激情澎湃，文思泉涌，杜甫据此写有《饮中八仙歌》，把中国的诗酒文化推到极致。

明·空白期·醉酒

明·弘治·醉酒

明·弘治·醉酒

明·弘治·醉酒

明·弘治·醉酒

明·弘治·醉酒

明·嘉靖·醉酒

明·万历·醉酒

明·天启·醉酒

明·天启·醉酒

明·天启·醉酒

清·康熙·醉酒

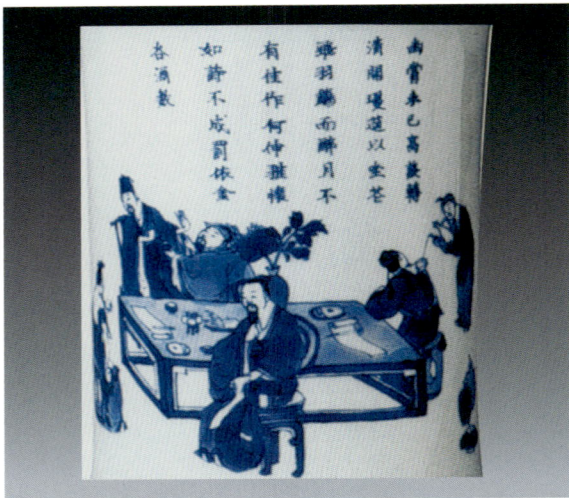

清·康熙·饮中八仙

清·康熙·饮中八仙

清·康熙·饮中八仙

清·康熙·饮中八仙

清·康熙·饮中八仙

清·康熙·饮中八仙

清·康熙·饮中八仙

清·康熙·饮中八仙

清·康熙·饮中八仙

11. 竹林七贤图

　　"竹林七贤图"为青花瓷上的典型纹饰之一，主要描绘魏晋时期山涛、阮籍、嵇康、向秀、刘伶、阮咸、王戎七人的活动场景。他们七人怀才不遇，志趣相投，对黑暗社会不满，常于竹林之中聚会，饮酒谈玄，抚琴吟诗，以显高雅，为后代文人所效法。

清·乾隆·竹林七贤

清·乾隆·竹林七贤

清·乾隆·竹林七贤

清·嘉庆·竹林七贤

清·嘉庆·竹林七贤

清·嘉庆·竹林七贤

清·嘉庆·竹林七贤

12. 行旅观景图

　　行旅观景图表现的是高士、隐士淡泊名利，崇尚大自然的心态。明晚期的行旅观景多为长老望江、秋江待渡等画面，透露出明末国势衰微时士大夫的哀怨和无奈。

明·空白期·游春

明·空白期·行旅观景

明·成化·骑马问樵

明·弘治·行旅观景

明·弘治·行旅观景

明·弘治·行旅观景

明·弘治·骑马赏景

明·嘉靖·画梅品茶（冬）、流连赏景（夏）、嬉捉柳絮（春）、及第归府（秋）

明·嘉靖·行旅观景

明·万历·行旅观景

明·万历·行旅观景

明·万历·观景

明·万历·观景

明·万历·观景

明·天启·行旅观景

明·天启·行旅观景

明·天启·行旅观景

明·崇祯·行旅观景

明·崇祯·长老望江

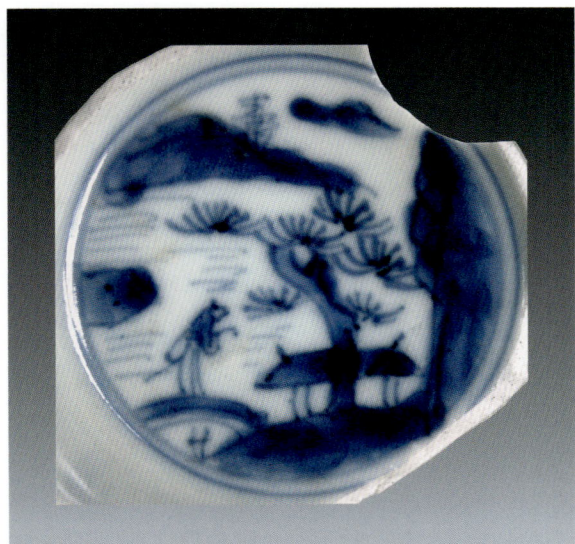

清·康熙·行旅观景

清·康熙·行旅观景

清·康熙·观景

清·康熙·观景

13. 其他

　　这是高士活动的其他一些画面，值得一提的是无双谱。清代画家金古良将汉代至宋代的1400多年间，众口流传的40位名人，绘成绣像并题上诗文，其中王侯将相有项羽、诸葛亮、张良、苏武等；文人有司马迁、班昭、李白等，他们的事迹天下无双，故名无双谱。无双谱于清代晚期出现在瓷器纹饰中。

明·永乐·三友赏春

明·万历·赏花

明·万历·赏花

明·万历·待招东床

明·万历·书院讲学

清·康熙·秉烛夜游

清·康熙·清溪论道

清·嘉庆·桐荫赏花

清·嘉庆·桐下赏秋

清·道光·无双谱

三、神话故事人物

1. 八仙图

    八仙故事始于唐代，人物纷杂不定，至明代始固定为汉钟离、张果老、铁拐李、韩湘子、曹国舅、吕洞宾、蓝采和与何仙姑八人。青花瓷上的八仙纹流行于明代中期，尤以嘉靖、万历两朝为多，八仙手中之法器各有区别，故青花瓷上又有以手持法器为标志的"暗八仙"纹饰。

元·汉钟离

元·汉钟离

明·空白期·吕洞宾

明·空白期·吕洞宾

明·嘉靖·曹国舅

明·嘉靖·张果老、蓝采和

明·嘉靖·何仙姑、吕洞宾

明·嘉靖·曹国舅、韩湘子

明·嘉靖·铁拐李、汉钟离

明·嘉靖·铁拐李、吕洞宾

明·嘉靖·蓝采和、汉钟离

明·嘉靖·曹国舅

明·嘉靖·韩湘子

明·嘉靖·何仙姑、曹国舅

明·嘉靖·铁拐李

明·嘉靖·八仙贺寿

明·嘉靖·韩湘子

明·万历·八仙

明·万历·八仙

明·万历·炼丹

明·万历·八仙

明·万历·汉钟离、曹国舅

明·万历·汉钟离

清·乾隆·八仙

晚清·吕洞宾、何仙姑

2. 献桃图

　　东方朔，字曼倩，西汉文学家，平原郡人，汉武帝时为太中大夫。他善辞赋，性诙谐、滑稽，后代关于他的传说很多，被称为"仙人"。东方朔偷桃也称东方朔献桃，即为他的传说故事。

明·嘉靖·献桃

明·万历·偷桃

明·万历·献桃

明·万万·献桃

明·万历·献桃

明·万历·献桃

明·万历·献桃

明·万历·献桃

明·万历·献桃

明·万历·献桃

明·万历·献桃

明·万历－天启·偷桃

明·万历－天启·献桃

明·万历－天启·献桃

清·康熙·献桃

清·康熙·偷桃

清·康熙·献桃

3. 献寿图

　　青花"麻姑献寿"图，描绘女神仙麻姑之传说。东晋葛洪《神仙传》中，说麻姑曾以灵芝草酿出美酒，于三月三日西王母寿诞之日献酒祝寿。民俗多以麻姑献寿祝贺老年妇女长寿。纹饰常以寿星、麻姑、童子、仙鹿为一图，或麻姑、童子、寿桃为一图，麻姑肩扛花锄与花篮，踏祥云。

元 · 献寿

明 · 成化—弘治 · 麻姑献寿

明 · 成化—弘治 · 献寿

明·弘治·麻姑

明·万历·麻姑献寿

4. 寿星图

　　寿星又叫南极老人星，主寿考，为民间常用题材，在青花瓷上更为多见。用夸张手法表现人物特征是嘉靖、万历时期绘寿星的特点。寿星的额头又高又大，占据头部的一半到三分之二，以显长寿之相。

　　寿星骑鹤或身旁立鹤，以谐音寓"贺寿"之意；寿星旁立一鹿，谐音为"禄寿"；寿字上再画一寿星，谓之"寿上加寿"。

明·弘治·贺寿

明·正德·寿星

明·嘉靖·禄寿

明·嘉靖·祝寿

明·嘉靖·寿上加寿

明·嘉靖·寿上加寿

明·嘉靖·寿上加寿

明·嘉靖·祝寿

明·万历·贺寿

明・万历・贺寿

明・万历・禄寿

明・万历・祝寿

明・万历・禄寿

明・万历・贺寿

5. 乘槎图

明中期青花瓷上多有"张骞乘槎"图，典出晋代张华《博物志》："天河与海通，近世有人居海渚者。年年八月有浮槎（木筏）去来，不失期。人有奇志，立飞阁于槎上，多赍粮，乘槎而去。"《荆楚岁时记》引用此典，并说乘槎之人就是张骞，故此图又叫张骞乘槎。李商隐有诗"海客乘槎上紫氛"。有关"仙人乘槎"的古代文字，可能是世界上最早的关于 UFO 的记载。

明·空白期·仙人乘槎（悬壶济世）

明·空白期·仙人乘槎

明·空白期·仙人乘槎

明·空白期·仙人乘槎

明·空白期·仙人乘槎

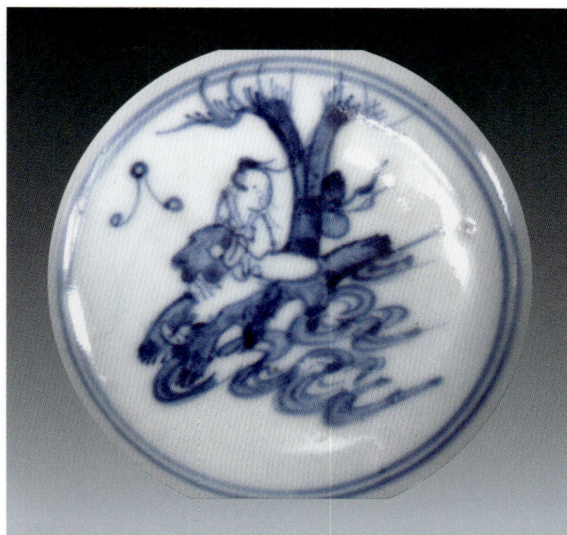

明·空白期·仙人乘槎

明·空白期·仙人乘槎

明·弘治·仙人乘槎

明·弘治·仙人乘槎

明·弘治·仙人乘槎

清·康熙·仙人乘槎

6. 刘海图

　　道家以刘海蟾为全真派北五祖之一。据《陕西通志》载：刘海蟾，后梁陕西人，号海蟾子。相燕王刘守光。好黄老之学，后弃官从正阳子隐修终南山，成仙去。

　　青花艺人根据民间传说，为刘海（蟾）造像，蓬头袒胸，手执一串金钱，戏乘三足之蟾，画出了仙人的潇洒自在，无拘无束。

明·成化·刘海戏蟾

明·弘治·刘海戏蟾

明·弘治·刘海戏蟾

明·弘治·刘海戏蟾

明·弘治·刘海戏蟾

明·嘉靖·刘海戏蟾

明·万历·刘海戏蟾

明·万历·刘海戏蟾

清·雍正·刘海戏蟾

7. 引凤图

　　"吹箫引凤"纹饰自明中期起,成为青花瓷上的常绘纹饰。题材取自汉代刘向《列仙传》:秦穆公女儿弄玉,善吹笙,声如凤鸣。萧史善吹箫,箫声起,百鸟和鸣。二人结成夫妻,双双乘龙驾凤飞升而去。这一美丽的神话故事影响颇大,历来受到人们的喜爱。

明·成化·吹箫引凤

明·弘治·吹箫引凤

明·弘治·吹箫引凤

明·万历·吹箫引凤

明·天启·吹箫引凤

明·天启·吹箫引凤

清·嘉庆·吹箫引凤

8. 乘鲤图

琴高乘鲤图，取材于神话传说。汉刘向撰《列仙传》载：琴高，战国时期赵国人，有长生之术，后到涿水里去取龙子，临行与诸弟子约期相见。还期，众弟子候于河滨，琴高果然乘鲤鱼而返，一月后复入水去。

明·成化·乘鲤

明·弘治·乘鲤

明·弘治·乘鲤

9. 和合二仙图

"和合二仙图"又叫"寒山拾得图"。寒山为唐代贞观时高僧，又叫"寒山子"。居天台山寒岩，与国清寺僧拾得友善，好吟诗偈，狂放不羁，常在一起谈经论道。

明代青花瓷常以此为题材，二人造型为蓬头跣足，一人持禾，一人捧盒，或拿诗偈，唱和诗词，意为"和合"。

明·弘治·和合二仙

明·正德·和合二仙

明·正德·和合二仙

明·正德·和合二仙

明·嘉靖·和合二仙

明·嘉靖·和合二仙

明·万历·和合二仙

10. 福禄寿喜财神图

清代青花瓷上特别是民窑绘以寓意长寿、发财、贺喜、有福等题材的图案，形成了一系列的吉祥形象：福星、禄星、寿星、财神、喜神、灶神等，常常是前三星画在一起，也有几位星神共绘于一个画面的，也有单独上画的。

福星，象征生活幸福。相传福星本为木星（岁）。"岁星所照，降福于民"。后来又将福星附合于人。《三教源流搜神大全》上说，福神为中唐时道州刺史阳城（杨成），为本州人民带来福气，被奉为福神。民间流传将天官奉为福星，所谓"天官赐福"。

禄星，为掌管文运禄位之神。故又称为"父星""文昌君""文典星"。明清时期，又将禄星演变为"魁星"，总之与科举高中、文运昌盛、功名利禄有关。

寿星，又称之为南极仙翁。《西游记》中的形象是手捧灵芝，长头、大耳、短身躯。民间传说，又有将彭祖、老子奉为寿星的。民间绘画寿星，作祈寿、祝寿、贺寿之礼。

喜神。迎祭喜神，多在年节及婚娶活动中。婚嫁时，新娘上下花轿，轿门须对喜神方位，"谓之迎喜神"，"抬头见喜"。

财神。民俗中悬挂财神，求取大吉大利、发财致富之意。民间所奉财神，各地方有所不同。一为"文财神"：大红袍、官帽、白胖子、五绺胡，手持"天官赐福"诏书。二为武财神，即元帅赵公明：戴铁冠，执钢鞭，黑胡须，骑黑虎，可保求财如意，专司金银财宝，迎祥纳福。

明·万历·财神

清·康熙·福禄寿三星

清·康熙·财神

清·乾隆·福禄寿财

清·嘉庆·福禄寿喜

清·嘉庆·寿禄财

清·嘉庆·福禄寿喜

清·嘉庆·福禄寿

清·同治·寿喜财

清·光绪·寿禄财

11. 其他神话人物

明·空白期·仙人骑兽

明·万历·盗宝

明·万历·华盖

清·康熙·钟馗驱邪

明·天启·月中嫦娥

清·康熙·遇仙记

清·康熙·献花

四、佛道人物

　　瓷画上常见的佛道人物有达摩面壁、达摩渡江、观音菩萨、群僧法会、老子骑牛、布袋和尚、济公活佛等。青花瓷上佛教人物或道教人物的多寡，往往和皇帝的意志和信仰有关，如嘉靖皇帝崇尚道教，连佛教禅宗的达摩祖师也被画成道士模样。

1. 佛教人物

明·正德·罗汉

明·万历·僧侣观瀑

明·万历·小沙弥

明·万历·一苇渡江

明·天启·拳僧

明·天启·拳僧

明 • 天启 • 秋野山僧

明 • 天启 • 僧人

明 • 天启 • 僧人

明 • 崇祯 • 达摩面壁

清 • 康熙 • 达摩面壁

清 • 康熙 • 众僧

清·康熙·伏龙罗汉

清·康熙·众僧

清·康熙·十八罗汉

清·乾隆·观音菩萨

2. 道教人物

明·万历·老子与牛

明·天启·道士打坐

明·天启·老子骑牛

明·天启·得道升天

五、历史和文学戏剧故事

1.历史人物故事

历史故事表现的多为英雄、名人的故事。如尉迟恭单鞭救主，表现尉迟恭营救秦王李世民的故事；萧何月下追韩信，表现的是萧何向刘邦推荐军事奇才韩信的故事；鬼谷子下山表现的是纵横家鼻祖王诩下山营救被囚的高徒孙膑的故事。其他表现和亲的有文姬归汉、昭君出塞，表现诚信的有季札挂剑，表现女英雄的有木兰从军，还有表现天下归心的华封三祝等。

元代·萧何月下追韩信梅瓶·萧何

元·萧何月下追韩信梅瓶·韩信

元·蒙恬将军

元·鬼谷下山

元·尉迟恭单鞭救主

元·文姬归汉（大罐）

元·文姬归汉大
罐展开图

明·成化·木兰从军

明·成化·文姬归汉

明·弘治·昭君出塞

明·嘉靖·韩熙载夜宴

明·万历·文王演周易

明·万历·季札挂剑

明·崇祯·华封三祝

清·康熙·郭子仪贺寿

清·康熙·郭子仪贺寿

2. 三国人物故事

　　《三国演义》虽然成书于明代，但其故事情节早就在民间口头流传。三国中斗智斗勇的故事，经说书艺人的演绎，已经家喻户晓、妇孺皆知。青花人物纹中有辕门射戟、单刀赴会、三顾茅庐、空城计、赵子龙单骑救主等。我们收录的两片关羽图，很有意思：一片为关羽擒庞德，另一片是关羽败走麦城被孙权所杀，恰好表现了这位风云人物的得意与失意。

元·三顾茅庐

元·三顾茅庐

元·辕门射戟

明·弘治·赵子龙救阿斗

清·康熙·关羽擒庞德

清·康熙·关羽之死

清·康熙·单刀赴会

清·康熙·诸葛亮祭天

3.《拜月记》人物

　　《拜月记》为元代施惠撰杂剧，又名《幽闺记》《拜月亭》。描述金元时代兵荒马乱之时，秀才蒋世隆与其妹瑞莲，及尚书之女王瑞兰悲欢离合的故事。戏中有"拜月"一折。

明·宣德·拜月净手

明·成化·拜月记

明·弘治·拜月记

明·弘治·拜月记

4. 《西厢记》人物

　　《西厢记》为元代王实甫所著杂剧，在社会上影响深远，家喻户晓。剧中塑造了张君瑞、崔莺莺、红娘、老妇人几个不同性格的典型人物。在元、明、清的青花瓷上，《西厢记》戏剧场景和人物活动，表现得十分生动传神。

元·拷红

明·万历·普救寺僧

明·万历·张生游普救寺

明·万历·张生夜思

清·康熙·红娘牵线

清·康熙·张生写信求救

清·康熙·张生拂琴

清·康熙·《西厢记》长亭送别

5.《金瓶梅》人物

明代小说《金瓶梅》所描述的场景，在明代青花瓷绘上也有所反映，那就是"春宫画"成了瓷器上的纹饰。艺术是社会真实的反映。明末封建统治阶级腐化堕落，思想空虚，道德败坏到了空前的地步。上至帝王显贵，下至士流、豪绅、暴发户，在两性关系上的糜烂生活，是一个重要特征。除了一夫多妻制外，娼妓青楼更为盛行。世间不以纵谈闺闱之事、方药秘籍、性器之术为耻。反映在青花瓷绘上，赤裸裸的春宫画竟出现在盘碗之中。我们曾征集到两枚残片标本，一枚出于南京，一枚出自淮安，其大胆的线条描述，淋漓尽致，画工与发色俱佳，但为避免引起可能的不必要的争议，本书不作展示。

清·康熙·《金瓶梅》人物

6. 东坡夜游

　　苏轼，号东坡居士，唐宋八大家之一，诗词文赋皆佳。其著名的前、后《赤壁赋》，文词极美，寓意深刻，影响很大，以至画家作为题材入画，明末和清初青花瓷上也作为常绘纹饰。

明·崇祯·东坡夜游

明·崇祯·东坡夜游

清·康熙·赤壁赋

清·康熙·东坡夜游

7. 诗意人物

　　青花瓷上绘着一人骑驴，或是有一童子跟随的叫"驴背诗思"，其源出于明代南京籍画家徐端本。他有一幅同名画《驴背诗思》，画的是唐昭宗时善写诗的宰相郑綮。一日有人问郑綮："相国近有新诗否？"他答曰："诗思在灞桥风雪中驴背上，此处何以得之？"其后，历代画家藉此入画，久盛不衰。

明·弘治·驴背诗思

明·正德·驴背诗思

明·万历·公孙大娘舞剑器

清·康熙·黄鹤楼题诗

清·康熙·骑驴过小桥　独叹梅花瘦

清·光绪·骑驴吟诗

清·光绪·骑驴观景

8. 少数民族人物

　　青花瓷上表现少数民族的有两类，一类为八方进宝，另一类为民族歌舞。前者表现四海臣服、八方进宝的统一景象；后者表现的是少数民族的歌舞，如藏人戏舞、胡腾舞和胡人乐舞等。

明·永乐·胡人乐舞

明·嘉靖·胡人进宝

明·万历·胡腾舞

清·雍正·八方进宝

清·雍正·八方进宝

清·雍正·八方进宝

清·雍正·八方进宝

清·雍正·八方进宝

清·雍正·八方进宝

9. 文王访贤

　　文王访贤是画周文王礼贤下士的故事。相传周文王游猎于渭阳，见姜太公正于渭水边离水三尺而钓，文王与其谈话，发现他是贤士，大喜，同车载而返。拜太公为太师（掌军事的高官）。青花瓷画以此故事编绘，但有些画面与本意相距甚远。

明·天启·文王访贤

明·天启·文王访贤

清·康熙·文王访贤

清·康熙·文王访贤

清·康熙·文王访贤

清·雍正·文王访贤

10. 其他戏曲人物

其他的戏曲人物有《锦香亭》《度翠柳》《别窑》《夫妻观灯》《贵妃醉酒》等戏曲中人物，说明明清时期戏曲已成为人们文化生活不可或缺的文艺形式。

元·锦香亭（整器）

明·万历·三关排宴

明·崇祯·牡丹亭

明·崇祯·牡丹亭

明·崇祯·牡丹亭

明·崇祯·度翠柳

清·康熙·薛平贵与王宝钏

清·康熙·夫妻观灯

清·康熙·浣纱记

11. 武侠刀马人物

　　刀马人物或武侠人物多见于清康熙朝，没有确定的人物故事，只是刀马对阵，或仗剑或拈弓，曲折地表现了康熙皇帝的文治武功，也和那个年代崇文尚武有关。

元·刀马人物

元·刀马人物

元·刀马人物

明·嘉靖·刀马人物

明·万历·刀马人物

清·康熙·刀马人物

清·康熙·刀马人物

清·康熙·刀马人物

清·康熙·刀马人物

清·康熙·刀马人物

清·康熙·刀马人物

清·康熙·刀马人物

清·康熙·刀马人物

清·康熙·刀马人物

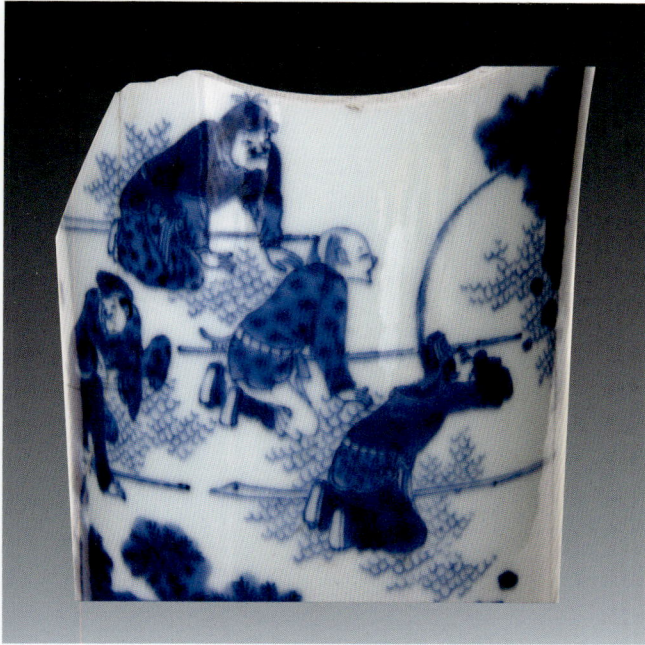

清·康熙·刀马人物

清·康熙·刀马人物

清·康熙·急报军情

清·康熙·急报军情

清·同治·刀马人物

清·同治·刀马人物

清·同治·刀马人物

清晚期·刀马人物

六、婴 戏 图

1.莲生贵子图

明清青花纹饰中，常把莲花和童子构图在一个画面上，寓意"连生贵子"。古代人重男轻女，以生子为贵。因"莲"与"连"同音，故莲（连）生贵子就是子嗣连绵的吉祥语。

明·万历·莲生贵子

明·万历·莲生贵子

清·康熙·莲生贵子

清·康熙·莲生贵子

清·康熙·莲生贵子

清·康熙·莲生贵子

清·康熙·莲生贵子

清·康熙·莲生贵子

清·康熙·莲生贵子

清·康熙·莲生贵子

清·康熙·莲生贵子

清·道光·莲生贵子

清·康熙·莲生贵子

2. 麒麟送子图

　　瓷画麒麟送子汲取了年画的构图方法,为明清时青花瓷常绘纹饰。麒麟为传说中的仁兽,早在周时,即与龙、凤、龟并称为四灵。《毛诗正义》注疏载:麟,麋身,马足,牛尾,黄毛,圆蹄,一角,角端有肉。与龙一样,集各种鸟兽形象于一体,以显神异。国现麒麟,为嘉瑞祯祥、国家太平的象征。民间则视麒麟为吉祥如意的象征,据说积善有德之家,常拜麒麟,可得贵子。故新年之际,各地有张贴"麒麟送子"年画,举行麒麟送子活动的习俗。

明·万历·麒麟送子

清·同治·麒麟送子

清·同治·麒麟送子

清·同治·麒麟送子

清晚期·送子

3. 对弈图

对弈图多画有两童子下围棋，这本是婴戏图中常见的画面。但有时围棋盘上只有三枚棋子，旁边还有几只蜜蜂飞舞，寓意"三元及第"。

明·嘉靖·对弈

明·万历·对弈

明·万历·对弈

明·万历·对弈

明·万历·对弈

4. 放鸢图

纸鸢即风筝，春日放风筝为中国民间习俗，特别是学童最喜为之。明清的风筝有圆形、圆椎形、四角形、六角形等形状，瓷画放鸢图寓青云直上之意。

明·正统—景泰·放鸢

明·正统—天顺·放鸢

明·成化·放鸢

明·成化·放鸢

明·成化·放鸢

明·成化·放鸢

明·成化·放鸢

明·弘治·放鸢

明·弘治·放鸢

明·弘治·放鸢

明·弘治·放鸢

明·万历·放鸢

清·康熙·放鸢

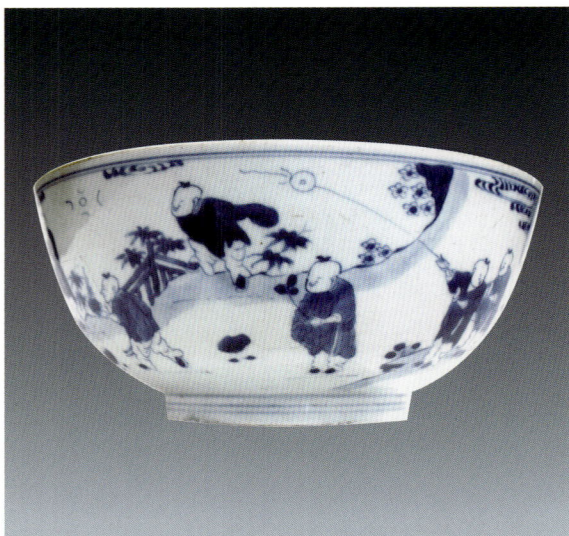

清·康熙·放鸢

清·雍正·放鸢

5. 蹴鞠图

　　蹴鞠是现代足球的原型。蹴鞠之戏，始于战国，盛于汉代。唐宋时在宫廷和民间流行。明代初年，朱元璋怕军人迷恋蹴鞠而涣散斗志，曾颁令："军中有蹴鞠者刖足"，但明代晚期蹴鞠又兴盛起来。明晚期时青花多见蹴鞠图，只画童子，简去背景，画风写意传神，但有些踢球动作有程式化倾向。

明·万历·蹴鞠

明·万历·蹴鞠

明·天启·蹴鞠

明·天启·蹴鞠

明·天启·蹴鞠

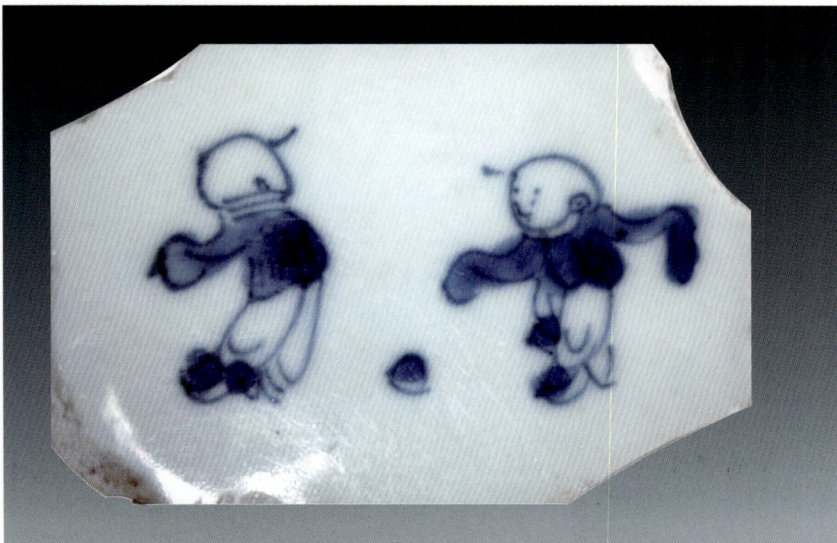

明·天启·蹴鞠

明·天启·蹴鞠

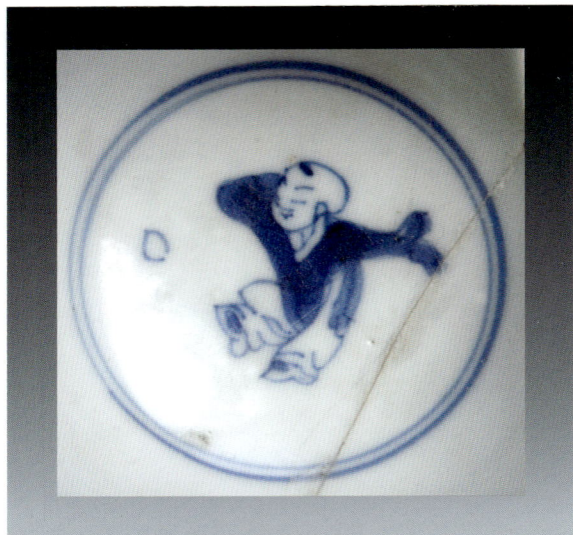

清·康熙·蹴鞠

清·康熙·蹴鞠

6.持莲图

持莲图或称持荷图，绘童子手持莲花或荷叶，寓意"一路连科""一路清廉（青莲）"。

明·空白期·持莲

明·成化·持莲

明·成化·持莲

明·成化·持莲

明·成化·持莲

明·成化·持莲

明·成化·持莲

明·成化·持莲

明·成化·持莲

明·成化·持莲

明·万历·持莲

明·万历·持莲

明·万历·持莲

明·万历·持莲

明·天启·持莲

明·天启·持莲

明·天启·持莲

明·天启·一路连科

明·天启·一路连科

7.砸缸救友图

　　明代中期的婴戏图上，多有几个儿童围着一只大缸的图案，要仔细分辨，有的为"砸缸救友"，表现的是司马光童年时机智救友的故事，有的则是童子嬉鱼，另有所指。三个孩子在缸边，寓意"三纲五常"。

明·空白期·砸缸救友

明·成化·砸缸救友

明·成化·砸缸救友

明·弘治·砸缸救友

8. 童子嬉鱼图

童子嬉鱼，又名童子观鱼，暗示童子"鱼化为龙"的未来前景。

明·成化·嬉鱼

明·成化·嬉鱼

明·正德·嬉鱼

明·嘉靖·嬉鱼

明·万历·嬉鱼

9.折花图

　　明代起，在青花瓷画上有儿童折花斗草之戏。小说《红楼梦》中有此玩法的描述。但此种游戏现代儿童已失去兴趣。

明·嘉靖·折花

明·嘉靖·折花

明·万历·折花

明·天启·折花斗草

明·天启·斗草

明·崇祯·折花

清·康熙·折花斗草

10. 踢毽图

踢毽子的画面多出在成化弘治时期，大多是两童子对踢，背景多为庭院，衬以柳树花草，有些画面简笔勾勒，十分传神。

明·成化·踢毽

明·成化·踢毽

明·成化·踢毽

明·成化·踢毽

明·成化·踢毽

明·成化·踢毽

明·成化·踢毽

明·弘治·踢毽

11. 独乐图

多表现春天儿童独自在庭院或郊外踏青玩耍、疏散身心的活动。

元·独乐

明·空白期·独乐

明·成化—弘治·独乐

明·弘治·独乐

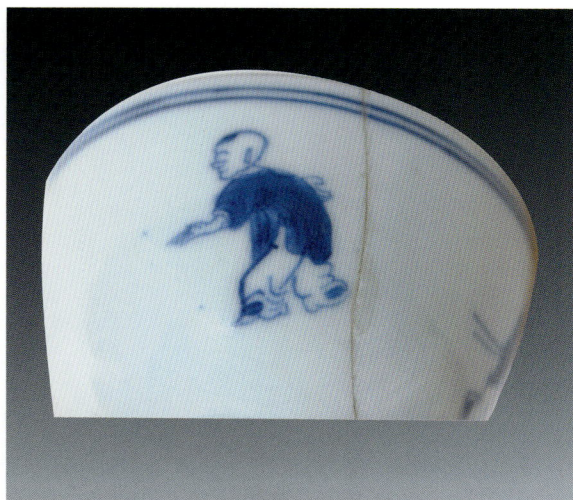

明·万历·独乐

明·弘治·独乐

明·万历·独乐

明·万历·独乐

明·万历·观书

明·万历·独乐

明·天启·独乐

清·康熙·独乐

清·康熙·独乐

清·康熙·独乐

清·康熙·独乐

清·康熙·独乐

12. 双舞图

多绘两名儿童在庭院中或自由漫舞，或追逐游戏，颇为生动有趣。

明·空白期·双舞

明·成化·双舞

明·成化·双舞

明·成化·双舞

明·成化·双舞

明·弘治·双舞

明·弘治·双舞

13. 习武图

儿童受大人习武的影响，多爱玩耍木刀、木枪，骑"竹马"，这些画面表现出孩童舞枪弄棒的欢乐景象。

明·万历·习武

明·万历·习武

明·天启·习武

明·天启·习武

明·天启·习武

明·崇祯·习武

清·康熙·习武

清·雍正·习武

14. 舞旗图

儿童以纸为旗，在庭院中作"传令旗"游戏，寓意长大后做将军，指挥打仗。

明·成化·舞幢

明·成化·舞旗

明·弘治·舞旗

明·弘治·舞旗

明·弘治·舞旗

明·万历·舞旗

明·万历·舞旗

明·天启·舞旗

明·天启·舞旗

15. 其他婴戏图

明清青花瓷婴戏图，反映儿童多姿多彩的活动，表现天真活泼的意趣，内容十分丰富。

明·永乐·十六子展开图

明·永乐·十六子

明·成化·童嬉

明·嘉靖·童嬉

明·嘉靖·童嬉

明·嘉靖·童嬉图展开图

明·嘉靖·童嬉

明·嘉靖·拉小车

明·万历·童嬉

明·万历·嬉戏

明·万历·摇拨浪鼓

明·万历·提灯

明·万历·玩兔子

明·万历·童嬉

明·万历·百子

清·光绪·玩龙灯

七、仕　女

　　仕女人物画，多描绘游春、观景、采花、吟诗、舞蹈等情景。有的描绘唐诗画意，题诗"疑是荔枝来"，还有些表现女子的闺思、闺怨，刻画出女子独守空房"悔教夫婿觅封侯"的心态。

元·仕女·独舞

元末—洪武·仕女

元末—洪武·仕女

元末—洪武·仕女

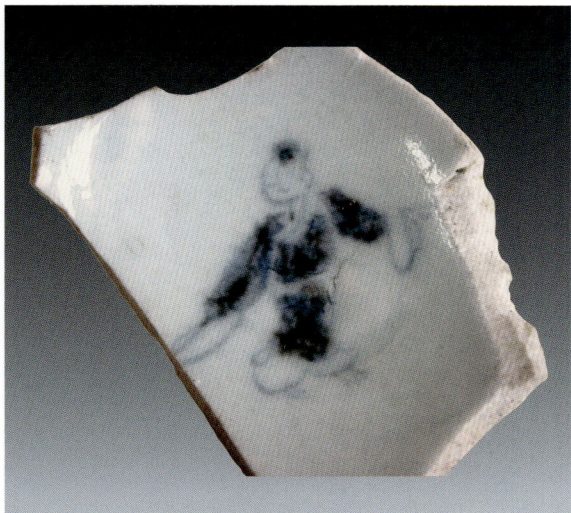

元末—洪武·仕女

明·正统·闺中春思

明·成化·观书

明·弘治·游春

明·弘治·游春

明·弘治·游春

明·正德·游春

明·正德·游春

明·正德·庭院宴乐

明·万历·织绢

明·万历·游春

明·万历·夫妻出游

明·万历·焚香

明·万历·浇花

明·万历·三娘教子

清·康熙·诵读

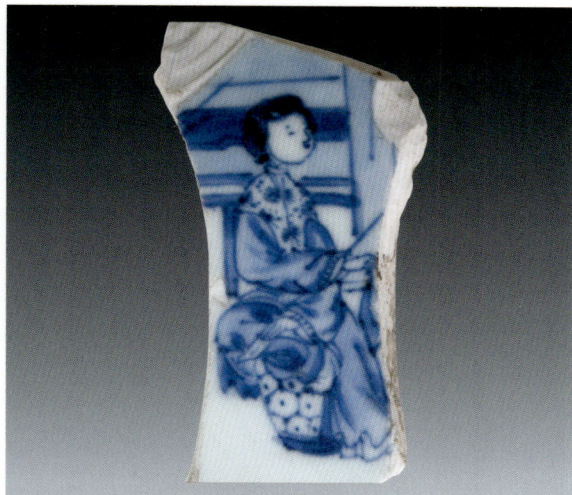

清·康熙·织绢

清·康熙·思荔

清·康熙·扑萤

清·康熙·罗扇扑萤

清·康熙·秋江夜渡

清·康熙·消夏

清·康熙·消夏

清·康熙·游春

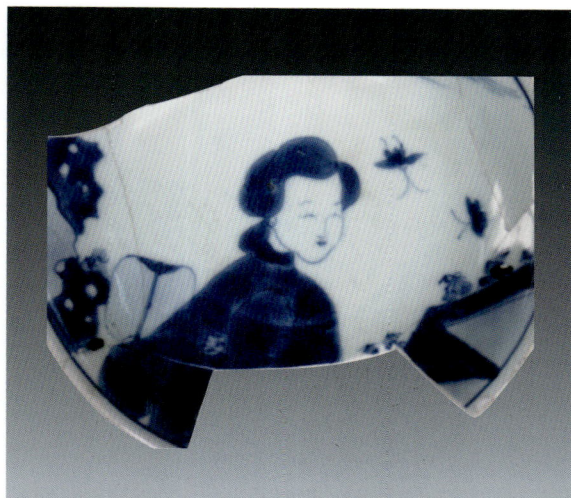

清·康熙·扑蝶

清·康熙·四妃十六子

清 · 康熙 · 侍琴

清 · 康熙 · 庭院观花

清 · 康熙 · 游春

清 · 康熙 · 邻里相呼

清·康熙·闺思

清·康熙—雍正·庭院说法

清·康熙—雍正·庭院夜游

清·乾隆·游春

清·嘉庆·拈花

清·嘉庆－道光·桐荫待秋

清·嘉庆－道光·桐荫待秋

八、劳动生活场景

　　劳动生活场景涉及农、牧、渔、猎、樵等，"渔家乐"青花纹饰多出现于清代康熙时期，描绘渔民们劳动生活的欢乐情景，如饮酒划拳、小舟独钓、渔舟唱晚、渔翁得利等。

　　牧牛图多绘放牧及牧归，童子骑于牛背，短笛横吹，悠然自得。

　　垂钓图多为一人独钓，也有父子同钓的。撒网图又名网开一面，简笔传神。渔归图是垂钓和撒网的延续，多表现扛着钓竿和渔具归来的喜悦。

　　至于渔樵耕读图，既反映劳动知识分子的生活，有的也反映了历代文人或隐士推崇的一种生活方式。

　　其它还有待渡图、狩猎图、夜归图、织锦图、裱画图、市井杂耍图等等。其中有一幅瓷画描绘船家女，画面是假山太湖石、撑篙船家女，但右边绘有欧洲中世纪的城堡，天空有一只绶带鸟飞过，应该是外销瓷（咸丰·待渡图）。

　　有一幅道光年的景德镇御窑场全景，画出了景德镇御窑厂的规模和工艺流程，及忙碌的工人，很有艺术价值。

1. 渔乐图

　　表现渔民生活场景的纹饰，多描绘黄昏时节，捕鱼归来，喜获丰收。在船头或岸边，或饮酒划拳，或鼓乐吹奏。

明·天启·划拳

明·天启·渔歌

明·天启·渔人得利

清·康熙·渔家乐

清·康熙·渔家乐

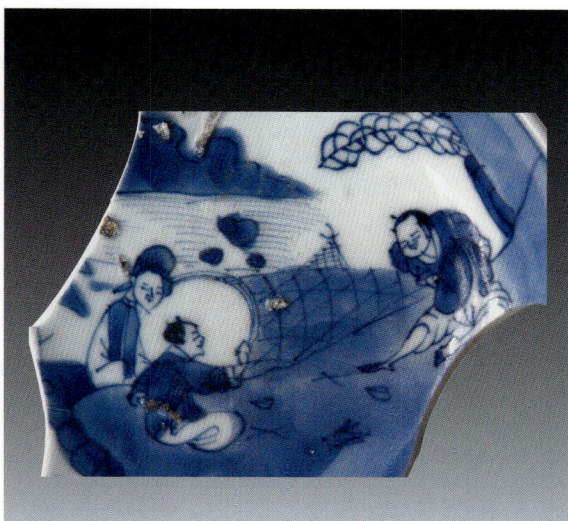

清·康熙·渔家乐

清·康熙·渔家乐

清·康熙·渔家乐

清·康熙·渔家乐

清·康熙·渔家乐

清·康熙·渔家乐

清·康熙·捕鱼

2. 牧牛图

表现牧童放牧的场景。有放牧时的情趣，有牧归时横吹短笛的安闲，颇为传神。

明·万历·牧牛

明·万历·牧归

明·万历·牧童短笛

明·万历·牧牛

明·万历·牧牛

明·天启·牧牛

明·天启·牧归

明·天启·牧牛

清·康熙·牧牛

清·康熙·农耕

清·康熙·牧童短笛

清·康熙·牧童短笛

清·雍正·农耕

3.垂钓图

这里的垂钓表现了渔人的捕鱼生活，与高士的独钓图有所区别。

明·嘉靖·垂钓

明·天启·春江独钓

清·康熙·春江独钓

清·康熙·垂钓

清·康熙·垂钓

清·康熙·垂钓

4. 撒网图

撒网捕鱼是渔民最常用的捕鱼方法，故青花瓷上的反映也较多。

明·天启·撒网

明·天启·撒网

清·顺治·撒网

清·嘉庆－道光·春江渔歌

5. 渔归图

画面多表现垂钓之渔夫晚归的形象。渔夫扛钓竿、身背鱼篓，信步归来。

明·成化·渔归

明·天启·渔归

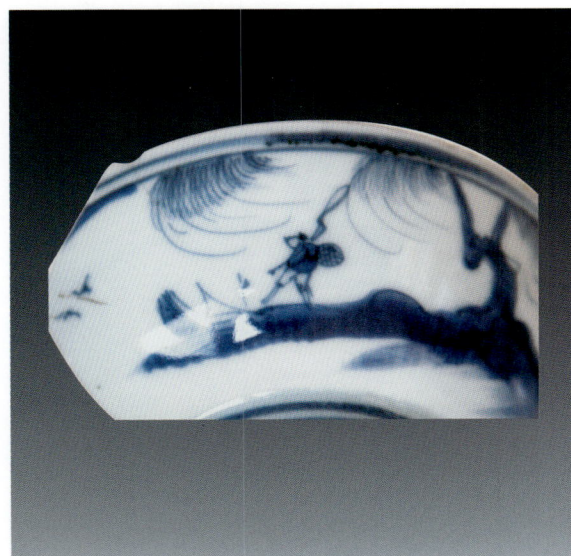

明·天启·渔归

明·天启·渔归

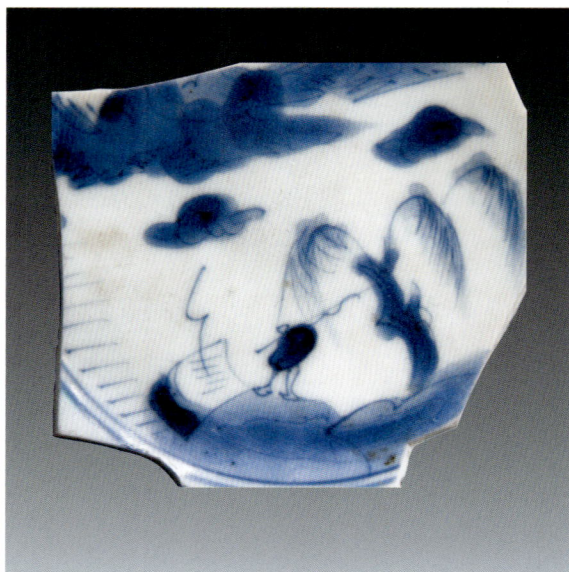

明·崇祯·渔归

清·康熙·渔归

清·乾隆·渔归

6. 待渡图

秋江待渡是古代常绘的题材，青花瓷画上也多有反映。

明·正德·待渡

明·正德·渡船

明·天启·扬帆

明·天启·待渡

明·天启·待渡

明·崇祯·待渡

明·崇祯·待渡

明·崇祯·待渡

清·康熙·待渡

清·康熙·秋江待渡

清·康熙·待渡

清·康熙·秋江待渡

清·咸丰·待渡

清·光绪·待渡

7. 夜归图

画面多表现劳动者风雨夜归或风雪夜归的辛苦情景。

明·天启·风雨夜归

明·天启·风雨夜归

明·天启·风雪夜归

明·天启·风雨夜归

8. 渔樵耕读图

　　渔樵耕读为传统绘画题材。既表现劳动生活，又表现劳动之后的读书之乐。有些反映劳动知识分子读书求仕的艰苦，也有些反映隐逸之士的隐居生活。

清·康熙·渔乐

清·嘉庆 – 道光·渔樵耕读

清·嘉庆－道光·渔樵耕读

清·嘉庆－道光·渔樵耕读

清·嘉庆－道光·渔樵耕读

9. 其他

明·嘉靖·猎归

明·天启·狩猎

清·康熙·狩猎

清·嘉庆 – 道光·柳下小憩

清·咸丰·狩猎

清晚期·杂耍

清晚期·卖艺

清·道光·御窑厂全景（细部）

清·道光·御窑厂全景

倡导学术积累　弘扬科学精神

——《中国青花瓷纹饰图典》跋

南京大学文化与自然
遗产研究所所长　贺云翔
南京大学历史系教授

由江苏省古陶瓷研究会会长李绍斌先生主持撰著的《中国青花瓷纹饰图典》一书即将问世。蒙绍斌先生厚爱，要我为此书写"跋"，说真的，这让我诚惶诚恐。其一，我对青花瓷仅知皮毛，不得要领何敢发言？其二，明代著名学者顾炎武先生有言："人之患在好为人序。"（载《日知录》卷十九）这是先贤告诫同业，为人作序跋务当慎行。然而绍斌先生一再敦促，我心中委实过意不去，此外，我跻身江苏省古陶瓷研究会副会长一职，对本研究会诸学人完成的这一重要成果亦当鼓之呼之，姑且以此文字略表心迹。

中国青花瓷工艺从唐代起源，直到当代仍在延续，是我国国粹之一，可谓誉满全球。以古代而言，其盛期当在元、明、清三代。青花瓷之特征是在白色器胎上用青花料描绘各式纹饰图案铭款并罩透明釉烧制而成。从学术角度分析，其胎料、造型、釉面、纹饰、图案、铭款、技法、老化程度、埋藏遗痕、运销使用等不同方面都可以成为研究青花瓷器的时代、窑口、品质、价值等切入点，包括青花料本身也有国产料和进口料之别以及因不同年代、不同窑室气氛所导致的时空差异。但青花瓷最重要最鲜明的特征还是器表以青花料绘就的纹饰图案铭款，离开这一要素，青花瓷也就类同于其他一般单色釉瓷。换句话说，青花瓷区别于其他瓷种而呈现出的时代风格、文化内涵、艺术品位、学术价值等基本上是由其丰富多彩、包罗万象、因时而变的纹饰图案铭款所决定的。正是出于这一原因，江苏省古陶瓷研究会的诸同仁抓住关键问题，耗时数年完成了这部卷帙庞大的"图典"。

从全书结构观察，撰著者运用了科学的方法，具体而言：首先是"地层"学原理，它以元→明→清的时代以及各代之期别甚至各帝王年号先后之"叠压"顺序建构了每一类纹饰图案的演变历程，使人们看到了同一种纹饰在不同时期的表现形式和其间的演变规律。其次，它运用"类型"学的方法，对纷繁复杂的青花瓷纹饰图案铭款等做了不同层级的类别划分，如第一层级有人物、动物、鸟雀、山水、花卉、虫鱼、铭文款识等类，第二层级如"人物"中又分官宦、婴戏、高士、八仙、刀马、道释等类。这种类型的划分，不仅阐明了同一时期青花瓷纹饰图案铭款的组合类型和时代风尚，而且也揭示了其不同时期的构成序列和消长关系。再次，如果归结到单体器物上，还是将器物上综合的纹饰图案铭款看作是由不同"文化因素"构成并对之进行解构分析的方法的使用，这对文物鉴定特别是识别那些融汇不同时代风格之纹饰图案铭款于一器之上的伪品仿件来说有着特殊的作用。更有意义的是，书中所录材料不限于过去已发表者，而是补充了大量的第一手实物证据，凝聚了许多藏家多年的辛勤搜集和整理劳动。我以为这部"图典"是具有重要学术价值、资料价值和工具书价值的集体性研究成果。

江苏省古陶瓷研究会为群众性的学术组织，它是从 20 世纪 90 年代后期就已成立的南京古陶瓷研究会发展而来。作为始终参与其活动的成员之一，我感到这个研究会由于在一批素有文化修养和学术眼光人士的主持和参与下，一向坚持以陶瓷学术研究、知识传播和文化积累为己任，考察、收藏、展览、研讨、出版等各类活动常年不断，有声有色，赢得了省内外诸多人士的赞誉，加之研究会所在的古都南京蕴含着极其丰富的历史文化资源，广泛分布于江苏各地的研究会会员受惠于江苏这方文化沃壤的浸润和养育，扎根于博大精深的中国陶瓷文化土地之上，经过数年的准备和耕耘，终于成就了这部大著。纵观中国的学术史，其金石之学（或称古器物学、文物学）有一个优秀的传统：既可以学在"官府"，也可以学在"民间"。用现代语言表述，文物之学既可以由专门的国家学术机构所从事，也可以由社会民间力量所介入，其学术评价标准只能是一个：资料是否确凿，方法是否科学，结论是否可信。那种认为文物之学只能由国家专业机构所进行的"知识垄断"意识是万万要不得的。那样做不仅与中国的学术传统不符，也与人类文化发展的大势相背离，其结果只能是贬抑了有志者的积极性，阻碍了这门知识的发展和学术文化的积累。这也是拜读"图典"初稿以后的感受之一。谨此为文，不当处祈师友谅之！

2006 年 10 月 16 日于抱残守缺斋

后 记

　　青花瓷发轫于唐而成熟于元，明、清两代是最为繁荣兴盛的时期。青花瓷白地蓝花，鲜明幽倩，不仅受到国内人民的喜爱，同时也为国外收藏家所青睐。在各类瓷器中，可以说青花瓷器生产量最大，存世量也最多。在许多历史文化名城的地下，埋有大量的残破瓷片，其中也以青花居多。从上世纪 80 年代始，古城南京的一些作家、诗人、画家和文博专家，对采集、欣赏、研究青花瓷片发生了浓厚兴趣。之后，以南京为中心，江苏各地的古陶瓷爱好者乃至与之相联系的外省市的瓷友们，形成了以收藏和研究青花瓷为主体的"瓷片族"，并成立了"南京古陶瓷研究会"和"江苏省古陶瓷研究会"。《中国青花瓷纹饰图典》中的图片资料便是"瓷片族"们从成吨成吨的瓷片中精选汇萃而成的，少量为博物馆和私人藏品，故官窑、民窑作品杂陈，蔚为大观。这部丛书最初由会长李绍斌创意并拟定框架结构和编写提纲，并经过王德安、周道祥、邢舒良、蒋光意等会内同仁多次酝酿讨论和修订。为确保编选的权威性和出版质量，书中每一片纹饰的鉴别及名称、时代的确认，均经编委会集体研究，共同把关。最后由本会顾问、中国古陶瓷学会副会长张浦生先生审定。可以说它是一部江苏省古陶瓷研究会集体智慧的结晶，一部真实、可信、可赏之作。

　　丛书在编写过程中，得到中国古陶瓷学会会长汪庆正，副会长张浦生、王莉英等先生的肯定、支持和指导，耿宝昌先生为丛书题写书名，张浦生先生还专门为丛书撰写了序言。南京大学历史学教授贺云翱先生为丛书作跋。同时，还得到了本会顾问苏京、丁如锦、马广彦、余光仁、王念石等先生的关心和支持；得到广大会员、瓷友的大力协助；得到东南大学出版社刘庆楚先生的鼎力相助。为此书编辑和出版发行，郝金宝先生进行了总体策划。书中图片为南京秦淮区摄影协会主席蒋光意先生精心摄制，王胜利先生参与了后期编务工作。在此一并致以感谢。

江苏省古陶瓷研究会

2006.11